EL PODER DE LAS PALABRAS

Kevin Hall

El poder de las palabras

Alcanza todo tu potencial
a través de su significado oculto

U R A N O

Argentina – Chile – Colombia – España
Estados Unidos – México – Perú – Uruguay – Venezuela

Título original: *Aspire. Discovering Your Purpose Through the Power of Words*
Editor original: Bookwise Publishing, (2009)
Traducción: Camila Batlles Vinn

Copyright © 2009, 2010 *by* Kevin Hall, Power of Words, LLC
All Rights Reserved
© de la traducción 2010 *by* Camila Batlles Vinn
© 2010 *by* Ediciones Urano, S. A.
Aribau, 142, pral. – 08036 Barcelona
www.edicionesurano.com
www.mundourano.com

Edición: Aibana Productora Editorial, S. L.
Villarroel, 220-222, entlo. D
08036 Barcelona
www.aibanaedit.com

ISBN: 978-84-7953-744-9
Depósito legal: NA-1.604-2010

Impreso por: Rodesa, S. A.–Polígono industrial San Miguel
Parcelas E7-E8–31132 Villatuerta (Navarra)

Impreso en España — *Printed in Spain*

Este libro está dedicado
al maestro indiscutible de las palabras,
el profesor Arthur Watkins.

Te estaré eternamente agradecido
por haber aparecido en mi camino.

Índice

Prólogo

Todo comenzó con palabras. En Juan 1,1 leemos: «Al principio existía la Palabra, y la Palabra estaba junto a Dios, y la Palabra era Dios». Las palabras son y han sido la fuerza creadora del universo. Las primeras palabras del Creador de las que tenemos constancia, «hágase la luz», confirman el poder iluminador de las palabras.

Este libro, escrito de forma magistral, te ayudará a comprender que las palabras contienen un poder inherente, una fuerza capaz de iluminar nuestro sendero y el horizonte que esperamos alcanzar. Utilizadas de forma adecuada y positiva, las palabras constituyen los fundamentos del éxito y la paz interior; nos procuran la visión y la concentración necesarias para encontrar el camino hacia el crecimiento y la aportación. Por el contrario, utilizadas de forma inadecuada y negativa, pueden socavar nuestras mejores intenciones. Y esto es aplicable a los negocios, a las relaciones personales y a todos los ámbitos de la vida. Existe un lenguaje del éxito y un lenguaje de la frustración; un lenguaje del progreso y un lenguaje del retroceso. Las palabras venden, y las palabras repelen; las palabras nos conducen hacia delante, y las palabras nos impiden avanzar; las palabras sanan, y las palabras matan. Cuando comprendemos el significado puro y auténtico de las palabras, entonces descubrimos su importancia y valor divino, y nos permiten desarrollar un nuevo vocabulario de liderazgo orientado hacia arriba, no hacia abajo, que nos inspira, motiva, anima, estimula e impulsa hacia delante. Cuando las palabras se utilizan de forma adecuada, llegan al corazón humano.

Sobre tu descubridor del sendero

Conocí a Kevin Hall hace ya más de dos décadas, cuando dirigía el departamento de ventas y formación de Franklin Quest. En aquel entonces, Kevin me pidió que diera una charla durante el encuentro anual de la empresa sobre los principios de comunicación y empatía. Ya en esa época su pasión por los principios intemporales y su sincero deseo de ayudar a los demás a encontrar y seguir su sendero y su propósito en la vida eran más que evidentes.

Kevin era también el entrenador del equipo de fútbol de mi nieta Lauren, un cargo en el que pude observar su habilidad para motivar y alentar a las jóvenes a alcanzar unas metas que muchas de ellas jamás habían soñado con alcanzar. De sus jugadoras, a Kevin le interesaba tanto el éxito personal en la vida como el éxito en el terreno de juego. Recuerdo una ocasión en la que le dejamos a Kevin nuestra casa para tener una sesión de desarrollo personal con los miembros del equipo, y Kevin lo arregló para que un puñado de oradores «infundiera vida» en los sueños y las aspiraciones de las jugadoras. Uno de los oradores, Art Berg, compartió con los asistentes un potente mensaje que aparece en el capítulo 7 de este libro. Todavía hoy recuerdo muchos de los principios impartidos durante esa velada.

Con el tiempo, la empresa que fundé, Covey Leadership Center, se fusionó con Franklin Quest para formar Franklin Covey, una empresa de servicios profesionales globales líder en el sector, en la que actualmente ocupo el cargo de vicepresidente.

Antes de la fusión, Kevin dejó Franklin Quest para crear una fundación para jóvenes con el fin de investigar el significado oculto, y a menudo secreto, de las palabras, así como su relación con el crecimiento y el desarrollo personal.

Desde entonces hemos pronunciado juntos numerosas charlas en congresos del sector y hemos trabajado conjuntamente con equipos de ejecutivos para mejorar su rendimiento en cuanto al liderazgo. Al igual que yo abrí nuevos caminos en el ámbito del desarrollo personal hace más de veinte años al descubrir los hábitos que conducen a una vida provechosa y eficaz, Kevin abre también nuevos caminos al descubrir y revelar el auténtico significado de las palabras que conforman esos hábitos.

Hace cuatro años que Kevin y yo venimos hablando sobre este libro, que considero una magnífica guía para llevar una vida de plenitud e integridad personal. Cada capítulo está imbuido de unos principios intemporales que Kevin denomina «secretos». Por ejemplo, en el capítulo 1, el lector descubrirá la «palabra secreta». Es una antigua palabra india capaz de dotarnos de un poder increíble y que, como yo mismo he podido comprobar, libera en nosotros un asombroso potencial. El solo hecho de descubrir esta palabra y aprender a utilizar su infinito poder bien vale el precio de este libro.

Cuando leas sobre el viaje personal que Kevin emprendió para descubrir estos secretos, no tardarás en comprender el poder de su propio y heroico viaje.

Pelar la cebolla

El hecho de comprender lo que en realidad significa una palabra normal y corriente y reconocer su profundidad y auténtica esencia nos dota de un inmenso poder. Cuando desciframos las palabras pelándolas como una cebolla, una capa tras otra, y descubrimos su significado puro y original explorando sus raíces, arrojamos nueva luz sobre palabras y frases, muchas de las cuales hemos empleado siempre. Por ejemplo, siempre he enseñado que el primer imperativo de un líder es inspirar a los demás. Cuando uno comprende que *inspirar* significa 'insuflar vida a los sueños de otros', y que lo contrario, *expirar* significa 'dejar de respirar', entonces estas palabras cobran vida. Podemos aprender a utilizar palabras que inspiran y hacer posible que otros alcancen sus sueños. Por el contrario, podemos utilizar palabras que sofocan y que acaban con las esperanzas y las aspiraciones de otros.

Otro ejemplo es *oportunidad*. A mi entender las personas eficaces no se obsesionan con los problemas, sino que piensan en las oportunidades. La raíz de *oportunidad* es *portus*, 'puerto', que significa la entrada por agua a una ciudad o lugar de negocios. Antaño, cuando la corriente y los vientos eran favorables y el puerto se abría, permitía la entrada para comerciar, visitar, invadir o conquistar. Pero sólo quienes reconocían esa entrada podían aprovecharse del puerto abierto, u oportunidad. Te animo vivamente a que aproveches la oportunidad que este libro, colmado de tesoros, te ofrece de enriquecer tu vida.

Además de palabras corrientes utilizadas de forma cotidiana en una conversación en castellano, este libro incluye unas palabras únicas y profundas de diversas lenguas y culturas. La palabra *ollin*, por ejemplo, es una palabra azteca de gran profundidad. Describe un acontecimiento potente, como un terremoto o un violento temporal que sacude la tierra. Transmite un movimiento intenso e inmediato. *Ollin* significa 'moverse o actuar de inmediato con todo tu corazón'. Para experimentar *ollin* es preciso emplearse a fondo. Las palabras globales como ésta pueden unir a pueblos a través del mundo mediante un lenguaje común.

Buscar tu felicidad

Cuanto mejor comprendas las palabras y las capas que contienen, más te ayudarán a comprender tu sendero y tu propósito. El gran mitólogo Joseph Campbell acuñó la frase «Sigue tu felicidad». Las palabras son las señales de dirección que indican el camino que conduce a esa felicidad. Las palabras, junto con las acciones que ellas mismas inspiran, te ayudan a ser un mejor líder, mejor marido, mejor padre, mejor vendedor, mejor deportista. La lista es interminable. El poder que encierran las palabras genera riqueza, salud, productividad, disciplina, espiritualidad y un sinnúmero de otras características humanas deseables.

La distribución de los capítulos

Este libro está dividido en once capítulos basados en un principio —once palabras esenciales—, que puedes consultar una y otra vez a lo largo del año para consolidar de forma eficaz un cambio permanente en tu conducta.

El esquema y distribución de los capítulos refleja la formación y experiencia del autor en la enseñanza del desarrollo personal a lo largo del último cuarto de siglo. Los cinco primeros capítulos versan sobre el desarrollo personal: cómo utilizar el poder secreto de las palabras para encontrar tu sendero y propósito personal. El capítulo 6, situado justo en la mitad, ocupa un lugar aparte, independiente de los demás porque su temática es central para todo el libro. Su palabra clave es *humildad*, un rasgo muy potente que considero «la madre de todas las virtudes», pues constituye la clave del crecimiento y el perfeccionamiento constantes. Los cinco últimos capítulos abordan el tema del liderazgo y versan sobre el lenguaje del mismo: *no se trata de ti, sino de ellos*. Como en una rueda, el capítulo refleja cómo tu área de influencia se expande desde un eje central, que se amplía conforme la rueda va creciendo. El capítulo 11 y último trata sobre la *integridad* —que significa 'entero' o 'completo'— y cierra la rueda del desarrollo.

Este instructivo libro puede leerse con facilidad de un tirón. Pero si lo deseas, también puedes seleccionar el tema de un capítulo que te interese en particular y explorar sus profundidades detenida y exhaustivamente. En cualquier caso, te revelará las claves esenciales para liberar tu auténtico potencial.

Sea cual sea tu objetivo, tu búsqueda o tu pasión, estoy convencido de que *El poder de las palabras* te mostrará una fuerza universal que te iluminará el camino hacia la inspiración y el crecimiento personal. Te recomiendo que tengas un bolígrafo o un lápiz a mano mientras lees esta profunda obra una y otra vez. Te aseguro que yo lo haré.

STEPHEN R. COVEY

Nota del autor

Hoy, cuando he terminado el manuscrito, una capa de nieve reciente cubría la comunidad situada sobre una montaña donde vivo. He salido a inspirar una profunda bocanada de aire puro, que he expelido despacio. El doloroso y a la vez gratificante trabajo de los cuatro últimos años parece evaporarse como el vapor que emanaba mi aliento. Como me he repetido innumerables veces, durante varias épicas carreras en mi *mountain bike* Leadville 100, hoy he pensado: «El dolor se olvida pronto, pero el recuerdo perdura siempre».

Si este libro aporta valor y sentido siquiera a una vida, las innumerables horas que le he dedicado habrán valido la pena. Como conector de ideas y personas, dudo que alguien pudiera pagarme el dinero suficiente para abandonar este trabajo y no transmitir los secretos que he descubierto durante mi viaje mientras escribía *El poder de las palabras*.

Confío en que descubras el valor de los principios que he aprendido y encuentres plenitud y felicidad al aplicarlos a tu vida. Deseo también que aproveches la oportunidad que te ofrezco al final de cada capítulo («Pensamientos que anoto en mi cuaderno sobre...» y el apartado «Identifica y honra a un practicante de...»), y en la sección «El Libro de los Grandes», al término del libro, para honrar a las personas clave que han enriquecido tu vida. El doctor Martin E. P. Seligman, una autoridad reconocida en todo el mundo en el ámbito de la psicología positiva y autor de *Aprenda optimismo* y *La auténtica felicidad*, libros que han estado en las listas de superventas, nos enseña que podemos alcanzar nuevos niveles de felicidad tendiendo una mano y dando las gracias a quienes han tenido un impacto positivo en nuestras vidas. Se ha demostrado científicamente que estos «actos de gratitud» constituyen la mejor forma de promover la felicidad personal. Te prometo que, si intentas realizarlos, te encantarán, al igual que a las personas que los reciban.

Conforme tu viaje personal vaya desarrollándose, me gustaría conocer tus experiencias individuales. Si todos aunamos nuestras energías, nos ayudaremos mutuamente a no desviarnos de nuestro sendero, a cumplir nuestros compromisos y a alcanzar nuestro propósito. No dudes en ponerte en contacto conmigo en kevin@powerofwords.com. Estaré encantado de que me escribas.

KEVIN HALL

1

La palabra secreta

*Aunque no tenga otras cualidades
me basta el amor para triunfar.
Sin él fracasaré aunque posea toda la sabiduría
y todas las habilidades del mundo.
Saludaré este día con amor en mi corazón.*

OG MANDINO

Era una tarde invernal, fría y tonificante cuando entré en la majestuosa catedral de San Esteban, situada en el centro neurálgico de la pintoresca capital de Austria (Viena).

Al instante me fijé en una sencilla fotografía enmarcada de una joven madre Teresa de Calcuta rodeada de velas y bancos. Reflexioné en silencio sobre el impacto de la gigantesca vida de esta mujer menuda pero que desarrollaba una increíble actividad, una mujer de pocas «palabras» que había conseguido cambiar el mundo mediante una buena obra tras otra y que solía murmurar: «No hables, hazlo», mucho antes de que la firma Nike acuñara el célebre eslogan «Just do it».

La madre Teresa, que no había tenido hijos propios, se convirtió en la madre de los huérfanos de madre adhiriéndose al mantra de «hacer las pequeñas cosas con un gran amor». *Hacer. Actuar. Servir.* Estas palabras se convirtieron en sus tarjetas de visita para el mundo entero.

Salí de la catedral inspirado por su legado y decidido a «hacer más.» Rodeado por las magníficas torres de San Esteban, aspiré a llegar más alto y reevaluar y reconocer las oportunidades que se presentaran en mi camino. Experimenté la gratificante sensación de que iba a ocurrir algo especial.

De pronto recordé el motivo que me había llevado hasta allí y me puse a buscar unos regalos navideños para mis seres queridos. Empecé a recorrer los callejones y las callejuelas, pasando frente a numerosas tiendas de regalos y cafés con terrazas, en busca de algo especial. Mientras caminaba por las calles adoquinadas que partían de la catedral, me detuve delante de un establecimiento cuyo escaparate me recordó al de un joyero, aunque era una tienda de tejidos.

La luz que reflejaban las luminosas sedas y los linos multicolores me llamó la atención y me sedujo. Entré en la tienda confiando en hallar el tejido perfecto para el traje de novia de mi hija Season. Mientras contemplaba el colorista surtido de tejidos procedentes de cada rincón del mundo, imaginé a mi hija vestida como una princesa, irradiando su preciosa sonrisa y su contagiosa alegría mientras su príncipe azul la transportaba en volandas a través de un nuevo umbral de promesas y esperanzas.

Yo ignoraba entonces que el sendero que seguía me llevaría a descubrir uno de los dones más valiosos de mi vida.

Este don aparecería envuelto en forma de una palabra, una palabra con el poder de transformar la vida de uno para siempre.

Un regalo inesperado

El dueño de la tienda, un hombre de mediana edad, se apresuró hacia mí con la vitalidad de una persona mucho más joven. Sus grandes ojos castaños me fascinaron. Tenía la cara redonda, y sus dientes blancos como perlas contrastaban con su piel lozana de color chocolate.

Cuando me estrechó la mano, sonrió guiñándome un ojo sutilmente, ladeó la cabeza y dijo en un inglés correcto y preciso:

—Buenas tardes. Me llamo Pravin. Pravin Cherkoori.

Su voz tenía la suave y encantadora entonación de una persona procedente del país cuyo nombre ostentaba su tienda: India.

—Soy Kevin Hall. Encantado de conocerle —respondí.

Cuando me disponía a preguntarle cuánto tiempo hacía que se dedicaba a adquirir esas espléndidas telas de colores deslumbrantes, Pravin me sorprendió formulándome una pregunta:

—¿Qué significa ese alfiler que lleva?

Me toqué el alfiler de peltre que lucía en la solapa de mi abrigo. Me lo quité y se lo ofrecí para que lo examinara de cerca. Pravin lo sostuvo entre el pulgar y el índice y preguntó:

—¿Qué representan las dos manos enlazadas alrededor de cada muñeca?

—Significan la responsabilidad que tenemos de tender la mano al prójimo, apoyarnos unos a otros y tratar de aliviar los problemas de los demás —contesté.

Pravin giró un poco el alfiler y dijo:

—Por la posición de las manos, parece como si estuvieran dispuestas tanto a ayudar como a recibir ayuda.

—Veo que ha entendido lo que el artista trataba de transmitir —respondí—. Emerson lo llamaba «una de las maravillosas compensaciones de esta vida, pues uno no puede tratar sinceramente de ayudar a los demás sin ayudarse a sí mismo».

Pravin sonrió, y al hacerlo las comisuras de su boca se curvaron hacia arriba, y añadió:

—Solemos obtener lo que deseamos para los demás.

Yo asentí, pues sus palabras contenían una gran verdad.

—¿De modo que este alfiler… es el motivo por el que ha venido a Viena? —inquirió Pravin.

Su asociación de ideas me sorprendió, pero no hice comentario alguno. Le expliqué que el alfiler era una réplica en miniatura de la Estatua de la Responsabilidad que Viktor Frankl había soñado que fuera erigida en la costa Oeste de América, a modo de equivalente de la Estatua de la Libertad que se halla en la costa Este. Yo había pasado la semana anterior con la familia de Viktor, mostrándoles este modelo a escala y hablando sobre los planes para llevar a cabo su proyecto.

El dueño de la tienda abrió los ojos como platos al oír el nombre del famoso psiquiatra vienés, superviviente del Holocausto y autor de *El hombre en busca de sentido*.

—Yo conocí a Viktor. Era un hombre grande y noble —dijo con admiración, tras lo cual sacó de debajo del mostrador de la entrada un voluminoso libro de honor—. Viktor, como muchas otras personas que han pasado por Viena, firmó en este Libro de los Grandes.

Pravin se inclinó hacia delante mientras abría el libro y lo depositaba sobre el mostrador, frente a mí y me dijo:

—Tú eres uno de los grandes, Kevin. ¿Quieres firmar en mi libro?

Miré los nombres en las páginas: estaban el doctor Frankl, la madre Teresa de Calcuta y varios miembros de la familia de Mahatma Gandhi. «Este hombre acaba de conocerme…», pensé. Me sentí indigno de firmar en ese libro. Mi nombre no merecía figurar junto a unos personajes tan insignes.

Tras una pausa que se hizo eterna, respondí:

—Te agradezco el cumplido y tu amable gesto, pero no me considero uno de los grandes. Lo siento, pero no puedo firmar en tu libro.

Pravin salió de detrás del mostrador y apoyó una mano en mi hombro.

—Deseo enseñarte una palabra —dijo—. ¿Quieres hacerme el favor de cenar conmigo?

Sin esperar mi respuesta, me condujo a través de la puerta principal hacia la calle, donde el aire gélido era un frío recordatorio de que el crecimiento y el descubrimiento suelen ir acompañados de cierto grado de incomodidad.

Después de recorrer varias callejuelas, seguimos el suculento aroma de verduras salteadas, ajo asado y jengibre hasta llegar a un pintoresco restaurante chino.

La decoración del restaurante era simple y austera. Entre las cuatro paredes de color gris mate había ocho mesitas rectangulares, con cuatro sillas de madera arrimadas a cada una, dispuestas sobre un suelo pringoso de vinilo. En la cocina, que atisbamos a través de la puerta entreabierta, había una placa con seis quemadores, repleta de *woks* de hierro, sartenes de acero y ollas que contenían caldo. De la campana extractora colgaba una variada colección de utensilios de metal. En la encimera situada a la izquierda había unas pilas de bandejas ovaladas. El estante que había encima estaba lleno a rebosar de recipientes rojos y blancos.

Llegamos al atardecer, entre las horas punta del almuerzo y la cena, y comprobamos que teníamos todo el comedor para nosotros.

Un cocinero cortaba y picaba verduras con gran habilidad, preparándolas para el inevitable gentío de la noche, mientras un segundo cocinero preparaba con consumado arte comida para llevar en una humeante cazuela que sujetaba con la mano derecha. Estaba frente a los fogones, de espaldas a nosotros, moviendo los brazos de forma rítmica, como un director de orquesta marcando el compás de una maravillosa sinfonía.

Este insólito escenario fue el marco del extraordinario encuentro que se produjo a continuación. Aquí, en un restaurante chino, en el centro de Europa, la conversación discurrió con naturalidad y fluidez entre unos extraños que charlaban como si fueran amigos de toda la vida.

Pravin, impaciente por entrar en materia, se apresuró a llamar a la camarera y le pidió algunos de sus platos favoritos. Luego acercó su silla a la mesa y se acodó en ella frente a mí.

—¿Qué piensas de mí? —me preguntó mirándome a los ojos—. Tengo la piel oscura. Tú tienes la piel clara. Yo provengo de Oriente. Tú, de Occidente. ¿Qué tenemos en común?

No tuve que meditar mucho mi respuesta. Recordé unas palabras que mi madre me había inculcado de niño.

—Creo que eres mi hermano —respondí sin vacilar—. Somos obra del mismo Creador. Formamos parte de la misma familia humana.

Mi hermano indio se repantigó en su silla y exclamó:

—¡Yo pienso exactamente igual!

A partir de ese momento nuestra conversación adquirió un profundo interés personal, abriendo nuevos caminos y nuevas percepciones.

Pravin me habló de su infancia:

—Crecí en Calcuta, entre los pobres más pobres. Gracias a los estudios y al trabajo duro, mi familia consiguió huir de los grilletes de la pobreza. —Tras una pausa, continuó—: Mi madre me enseñó muchas cosas. Una de las más importantes fue el significado de una antigua palabra hindi.

Eso hizo que me sentara en el borde de mi silla.

—En Occidente lo llamaríais *caridad* —continuó Pravin—. Pero creo que comprobarás que esta palabra posee un significado más profundo.

«¿Qué palabra puede ser más profunda que *caridad*?», me pregunté.

Con voz pausada, casi reverente, Pravin prosiguió como si me revelara un secreto sagrado:

—La palabra es *genshai* —dijo—. Significa que uno jamás debe tratar a otro de forma que le haga sentirse menospreciado.

Saqué mi cuaderno de piel y escribí la trascendente palabra *genshai* (se pronuncia [guén-chai]) y su significado tal como acababa de explicarme mi nuevo amigo.

Pravin prosiguió:

—De niños, nos enseñaron que nunca debíamos mirar, tocar o dirigirnos a otra persona de forma que se sintiera menospreciada. Si yo pasaba junto a un mendigo en la calle y le arrojaba una moneda con gesto despreocupado, no estaría practicando el *genshai*. Pero si me arrodillaba y le miraba a los ojos cuando depositaba la moneda en sus manos, esa moneda se convertiría en amor. Sólo entonces, después de haberle demostrado un amor fraterno, puro e incondicional, me convertiría en un auténtico practicante del *genshai*.

Sentí que un escalofrío me recorría la espalda al tiempo que me quedé mudo, reflexionando sobre el poder de lo que acababa de oír.

—Te aseguro que eres uno de los grandes, Kevin —declaró mi anfitrión mientras me señalaba con las manos—. Pero te negaste a firmar en mi Libro de los Grandes. Cuando tomaste esa decisión, te menospreciaste a ti mismo. *Genshai* significa que jamás debes menospreciar a nadie, ni siquiera a ti mismo.

Tras una pausa, Pravin me imploró:

—Prométeme una cosa, Kevin. Que jamás volverás a menospreciarte. ¿Me lo prometes?

Me sentí cohibido y me rendí.

—De acuerdo, Pravin. Te lo prometo.

Su rostro jovial reflejaba una expresión inaudible de «misión cumplida» mientras me miraba sonriendo de oreja a oreja.

Amor de madre

Unas horas antes, yo había abandonado la catedral con la premonición de que iba a ser una noche memorable. Cuando miré a mi guía-gurú, la palabra *memorable* se me antojó la más subestimada del año.

—¿Puedes contarme más cosas sobre tu encuentro con la madre Teresa, la santa de Calcuta?

—Sí —respondió Pravin—. Caminaba a través de una multitud vestida con su habitual sari de algodón blanco. Corrí hacia ella, gritando como un loco, y cuando me acerqué, la madre Teresa me tapó la boca con una mano y me rogó con firmeza que callara y me pusiera manos a la obra. Lo recuerdo como si fuera…

—Ha sido la madre Teresa quien esta noche me ha llevado hasta tu calle —le interrumpí, incapaz de contener la emoción—. Hace un rato me detuve en la catedral de San Esteban y rendí homenaje a la vida de esta santa. He salido de la catedral prometiéndome aspirar a hacer más en mi vida. Mi siguiente parada ha sido tu preciosa tienda de telas.

Pravin se detuvo, me miró fijamente a los ojos y dijo con vehemencia:

—Estaba escrito que nuestros caminos se cruzarían. Estábamos destinados a conocernos. Entraste en mi tienda por un motivo.

Al mirar a mi nuevo amigo a los ojos me acordé de mi madre, la primera practicante del *genshai* que conocí, aunque me consta que ella nunca había oído esa palabra ni conocía su significado.

—Kevin —solía decirme tomándome por el mentón—, puedes hacer lo que desees en la vida. Puedes alcanzar y vivir todos lo sueños nobles que tengas. Estoy segura de que harás cosas grandes e importantes en tu vida.

Mientras pensaba en mi infancia, las palabras de mi madre sonaron con tanta nitidez como el día en que las pronunció. Parecía casi como si la silla que estaba vacía junto a Pravin en nuestra mesa estuviera ahora plácidamente ocupada por mi ángel maternal.

Hacía cuatro años que mi maravillosa madre había fallecido apaciblemente en nuestra casa. Durante casi un año había luchado denodadamente contra los estragos del cáncer, hasta que por fin se había rendido con calma y serenidad.

A mi madre siempre la recordaremos mi familia, las personas que la conocían bien y yo como una mujer de una fortaleza y un valor extraordinarios.

Se había convertido en madre soltera de dos hijos a la tierna edad de diecinueve años, atendiendo las necesidades de mi hermano mayor y las mías cuando podía haber cursado el primer año universitario.

Mi madre fue una adolescente que colgó los estudios en el instituto pero que logró procurarse una educación, una carrera y, gracias a su determinación, logró convertirse en terapeuta especializada en el consumo de drogas junto a colegas que ostentaban sus diplomas de másteres colgados en la pared.

Pasó de ser una alcohólica rehabilitada a una terapeuta que se dedicaba a ayudar a los adictos que luchaban contra los demonios que ella conocía bien. Los retos a los que tuvo que enfrentarse le enseñaron a comprender a los demás y empatizar con sus problemas y sufrimientos, aprendiendo de paso el valor de la compasión y el aliento, los elementos fundamentales de la palabra *genshai*.

Durante su funeral, un hombre alto, fuerte y bien parecido se me acercó con los ojos empañados para decirme que mi madre le había cambiado y probablemente salvado la vida. Me habló de la época más negra de su existencia. Había tocado fondo y no sabía si conseguiría salir del bache. Luego, mientras las lágrimas le rodaban por las mejillas, me contó que mi madre había creído en él cuando ni siquiera él creía en sí mismo.

—Sin la ayuda de su madre —me dijo—, hoy no estaría aquí.

«Sin ella yo tampoco estaría aquí», recuerdo que pensé, pues mi madre solía decirme con insistencia que yo podría lograr cuanto me propusiera, y por suerte la creí. Al margen de lo dura que fue su vida, siempre mantuvo la visión de un mundo mejor para mí.

Un vencedor, no una víctima

Cuando salimos del restaurante, recordé otro modelo que ejemplificaba el término *genshai*, un hombre de un carácter y una fortaleza excepcionales, un hombre cuyo legado me había llevado hasta Viena: el doctor Viktor Frankl.

Hacía tan sólo una semana que yo había abandonado el cálido y soleado sur de California para atravesar medio mundo con una esperanza: averiguar más detalles sobre la insólita vida de Viktor y comprender cómo era posible que tanta maldad pudiera engendrar tanta bondad.

Comencé mi estudio del personaje paseando por las mismas calles que Viktor había recorrido durante noventa y dos años durante los cuales disfrutó de una vida llena de dignidad y determinación. Sin embargo, el joven médico pasaría tres años muy lejos de la belleza y la tranquilidad de su amada Viena, sobreviviendo a los horrores y la crueldad de los campos de concentración nazis como el prisionero número 119.104.

Para él, esos tres años que le habían robado eran insignificantes en comparación con todo lo demás que los nazis le habían arrebatado y destruido: su bella esposa y el hijo que iba a nacer, su hermano, su madre, su padre y el manuscrito a cuya redacción Viktor había dedicado su vida de adulto.

No olvidaré lo que sentí al detenerme frente a la casa de Frankl, e imaginé a los nazis irrumpiendo en el oscuro silencio de la noche y transformando el santuario de Viktor en un auténtico infierno, arrancándolos a él y a su familia de sus cálidos lechos para enviarlos en trenes de ganado a los campos de concentración.

¿Cómo podía uno elegir ser un vencedor en medio de tanto sufrimiento y devastación? ¿Cómo había conseguido Viktor elegir el triunfo sobre la derrota? ¿Sería yo capaz de aproximarme siquiera a ese grado de valor?

¿Cómo era posible que Viktor, al igual que Anna Frank, eligiera creer en la bondad de la humanidad después de lo que había experimentado?

Las respuestas se encuentran en el libro que Viktor escribió durante nueve días consecutivos al término de sus atroces vivencias, un libro que sería reconocido como uno de los más influyentes jamás escritos: *El hombre en busca de sentido.*

En el libro, Frankl escribe: «A un hombre pueden despojarlo de todo menos de una cosa: la última de las libertades humanas, la libertad de elegir la actitud que uno asume en cualquier circunstancia, la libertad de elegir su propio camino».

Pese a sus circunstancias, Viktor eligió un camino de sentido, responsabilidad y aportación. Al optar por «estar a la altura de su sufrimiento», demostró que todos tenemos la capacidad de superar nuestro destino externo siguiendo la senda de la dignidad.

Despojado de sus bienes, de todo cuanto le era familiar, testigo de la destrucción de todo lo que era valioso y precioso para él; deshumanizado y tratado como el ser más insignificante de los insignificantes; obligado a padecer dolor, hambre, sed y cansancio casi más de lo que uno es capaz de padecer sin morir: el hombre que se había convertido en un *número* se convirtió en una *persona.*

Viktor, un nombre muy apropiado para esa persona, eligió ser un *vencedor*, no una *víctima*. Descubrió humanidad en el rostro vacío de lo inhumano, halló esperanza en un vasto mar de desesperanza. Frente a una resistencia abrumadora, se negó a menospreciarse a sí mismo ni a los demás.

Las palabras iluminan el sendero

Mientras Pravin y yo regresábamos a su establecimiento, le hablé sobre mi hija y su boda. Pravin propuso que volviéramos a su tienda, donde envolvió tres exquisitas telas de seda y encaje. Después de darle las gracias, se produjo un incómodo silencio cuando salimos de la tienda. El eco de nuestros pasos era lo único que se oía mientras caminábamos por las adoquinadas calles milenarias.

Nos detuvimos en un cruce. En una dirección estaba la casa de Pravin; en la otra, mi hotel.

Cuando nos disponíamos a seguir cada cual nuestro camino, Pravin se acercó a mí, se quitó la bufanda que llevaba alrededor del cuello y la colocó alrededor del mío. Luego, cuando introdujo con delicadeza los extremos de la bufanda dentro de mi abrigo, sentí un calor especial en el corazón.

Al despedirnos con un abrazo, las últimas palabras de Pravin fueron:

—Se trata de un viaje, Kevin. Todos estamos embarcados en uno.

Me volví y, tras agitar brevemente la mano, me alejé pensando en lo que acababa de aprender. La lección que había aprendido era profunda pero simple: *una palabra podía cambiar el mundo para mejor.* Las palabras son como contraseñas: dan acceso al poder, abren la puerta. *Genshai.* Esa palabra contenía tanta o más profundidad que cualquier lección o sermón que yo hubiera oído.

Le estaré eternamente agradecido a ese sabio guía que me ayudó a recordar con claridad el mensaje de mi madre y a comprender con más profundidad de qué son capaces las palabras. Me prometí no volver a menospreciarme jamás, vivir de acuerdo con los principios de la palabra *genshai* y compartir con otros esta y otras palabras secretas pues, como dijo el sabio: «Quien lleva una linterna para iluminar el sendero de su hermano ve el suyo propio con más claridad».

Mientras seguía caminando, sosteniendo el paquete para mi hija, comprendí que el Libro de los Grandes tiene muchas páginas en blanco para llenar, y que algún día regresaría aquí.

Ahora que disponía de la luz, la dirección que debía tomar estaba más clara que nunca. Había venido a Viena para ayudar a otros pero había recibido el regalo más valioso. Miré el paquete y sonreí. Es decir, dos regalos muy especiales.

Pravin tenía razón. Se trata de un viaje. Todos nos hallamos embarcados en un viaje pletórico de dones.

➤ PENSAMIENTOS QUE ANOTO EN MI CUADERNO SOBRE *Genshai*

La forma en que me trato a mí mismo refleja la forma en que trato a los demás.

Cuando me trato con dignidad y respeto, ello se refleja en la forma en que trato a los demás. Si me trato con desdén o desprecio, se refleja en la forma en que trato a los demás.

No veo el mundo como es. Veo el mundo como me veo a mí mismo.

Recuerdo lo que escribió James Allen en Como un hombre piensa, así es su vida:

«El hombre se crea o se destruye, en el arsenal del pensamiento forja las armas con las que se destruye. Asimismo, fabrica los instrumentos con los que se construye unas mansiones celestiales de alegría, fuerza y paz.»

Llevo divinidad en mi interior... Llevo grandeza en mi interior... Atraigo hacia mi vida lo que creo ser.

Querer deriva del latín quaerere, es decir, 'buscar'. Quererse significa 'buscarse a uno mismo'. Y cuando me quiero, me respeto. Respeto proviene de respectus: 'atención', 'consideración'. Specto, del verbo specio, significa 'mirar'. Re- significa 'otra vez'. Respetar es 'mirar otra vez'.

Escribiré la palabra secreta genshai en un papel y lo pegaré en el espejo del baño. Cada día me miraré en el espejo con amor, honor y respeto. A partir de hoy me comprometo a vivir una vida mágica y extraordinaria.

La abundancia me pertenece por derecho propio. Debo pensar de forma abundante. Es el momento de liberar el potencial que llevo dentro de mí. Es el momento de emprender mi viaje heroico.

Cuando hago que genshai se refleje en mí, el mundo lo refleja también.

IDENTIFICA Y HONRA A UN PRACTICANTE DE
Genshai

ELIGE a alguien cuya conducta refleje mejor los principios de la palabra *genshai*.

ESCRIBE el nombre de esa persona en el recuadro inferior.

TIENDE la mano a esa persona, explícale el significado de *genshai* y por qué personifica esta palabra.

2

Descubridor del sendero

En cuanto uno se compromete con firmeza,
la providencia se mueve también. Ocurren toda suerte
de cosas destinadas a ayudarnos que, de lo contrario, jamás
habrían ocurrido: incidentes imprevistos, encuentros y un apoyo
material que nadie habría imaginado jamás que obtendría.

WILLIAM HUTCHINSON MURRAY

Es el último día del año.

Se aproximan las últimas horas del año mientras estoy sentado a mi mesa, en lo alto de las Montañas Rocosas, contemplando el norte a través de un ventanal que enmarca la maravillosa cordillera de Wasatch que rodea el valle como una gigantesca herradura coronada de nieve.

En esta elevada comunidad que ostenta el apropiado nombre de Suncrest, es decir, 'cima soleada', se encuentra nuestra casa en un escenario alpino a casi 2.000 metros de altitud. Aquí, el sol se alza sobre nuestro refugio montañoso cuando despuntan las primeras luces.

Mientras el ojo del sol se abre lentamente sobre el imponente Lone Peak, por el este, leo *El peregrino de Compostela*, de mi amigo brasileño Paulo Coelho. Lo que escribe desencadena un torrente de nuevas percepciones que me confirman la conveniencia de tener siempre dos libros: el que leemos y el que escribimos. Me pongo a escribir de forma rápida y febril en mi cuaderno de piel, apenas capaz de reprimir la abundancia de ideas que se me ocurren.

Mis pensamientos se ven interrumpidos por un estallido de fuegos artificiales en el cielo que tiñen las nubes ambarinas de color naranja ardiente y luego de un rojo vivo. Al tiempo que el deslumbrante colorido irrumpe a través de las nubes, unos débiles rayos de sol se extienden hacia el horizonte como unas gigantescas pestañas, liberando la energía vital del nuevo día.

El espléndido comienzo de esta jornada marca el término del año, pues esta noche, cuando el reloj dé las doce, nos despediremos del año transcurrido y daremos la bienvenida al Año Nuevo. Mañana, al amanecer, la tierra iniciará de nuevo su periplo de

365 días alrededor del sol, demostrando la conectividad de todas las cosas en el universo.

Evoco las palabras de William Wordsworth: «Que todas las cosas te iluminen, que la Naturaleza sea tu maestra», y recuerdo un día del verano pasado, cuando mi hijo Konnor y yo, junto con otros padres e hijos, nos detuvimos en el inmenso circo glacial situado a los pies del Lone Peak, el pico más elevado de cuantos se alzan sobre Suncrest. Allí, el paisaje tachonado de rocas demuestra con claridad por qué esa cordillera se llama las Montañas Rocosas. Por doquier se ven rocas y piedras: unos montoncitos de piedras colocadas a modo de señal para indicar el sendero seguido por quienes nos han precedido; escalones y escaleras de piedra; bancos de piedra situados junto a unos peñascos de granito del tamaño de una casa. Sobre todo ello se erige una vertiente de roca lisa casi cortada a pico, cuya longitud es casi la de una manzana de una ciudad, por la que se desliza un torrente de agua desde la nieve fundida en la cumbre.

Este roquedal ofrece unas vistas increíbles del valle y, abajo, de los relucientes lagos, por lo que resulta un lugar perfecto para descansar y contemplar el gigantesco espectáculo del Lone Peak que se yergue ante nosotros. Parece como si la madre naturaleza nos enseñara de forma sutil que no podemos mirar hacia arriba y hacia abajo al mismo tiempo.

Al alzar la vista para observar la fortaleza de roca, me doy cuenta de que los gigantescos rascacielos de acero y cristal de Nueva York y Hong Kong no pueden compararse con las torres de piedra de sesenta pisos de altura que se elevan hacia las nubes, rozando el cielo.

Sobre la más alta de esas torres naturales la naturaleza ha pintado, con agua saturada de minerales, un signo de interrogación tan grande que uno no da crédito a lo que ven sus ojos. Situado a una altitud de más de 3.000 metros, mide más de diez pisos de altura y es conocido por los expertos montañeros y escaladores como la pared del Interrogante.

La función de la pared del Interrogante está clarísima: es un recordatorio de que, por más alto que trepemos, todos debemos reflexionar y preguntarnos: ¿cómo he llegado hasta aquí? ¿He seguido el sendero adecuado? ¿He alcanzado mi objetivo? ¿Cómo puedo superar los obstáculos que se alzan frente a mí? ¿Tengo claro adónde me propongo ir? ¿Soy capaz de reconocer a quienes desean ayudarme en mi camino?

Abandono mis reflexiones y escribo en mi cuaderno que este tipo de preguntas, y sus respuestas, han dominado mis pensamientos desde que me embarqué en mi viaje personal con el fin de descubrir el poder secreto que encierran las palabras.

La oportunidad se encuentra con el destino

Fue en Viena, después de que mi nuevo amigo y guía Pravin Cherkoori apareciese en mi camino y me enseñara *la* palabra secreta, donde conocí por casualidad a otro guía que me enseñaría que *todas* las palabras encierran secretos.

Me lo presentó Bill Fillmore, un abogado que formaba parte de nuestra delegación, que había viajado a Austria para reunirse con la familia de Viktor Frankl. Bill me comentó que había observado que yo no dejaba de escribir en mi cuaderno y quería saber sobre qué escribía.

—Sobre palabras —respondí—. Trato de averiguar todo lo que puedo sobre las palabras y el poder que encierran.

Abrí mi cuaderno y le enseñé la entrada con la palabra secreta que me había enseñado Pravin Cherkoori.

—Por favor, cuéntame más —dijo Bill sonriendo de oreja a oreja.

—Me he propuesto descubrir los secretos de las palabras y su sentido primigenio —le expliqué—. Es como pelar una cebolla. Conforme vas descifrando las palabras una capa tras otra, descubres su significado puro y accedes a una fuerza que te ayudará a hallar tu propósito y dirigir mejor tu vida.

Bill me reveló entonces el motivo de su amplia sonrisa.

—Quiero presentarte a un mentor mío —dijo—. Sabe más sobre palabras que ningún otro ser humano que yo conozca.

Bill me dijo que se llamaba Arthur Watkins y que era un profesor universitario jubilado que había dedicado su vida a la etimología, el estudio de las palabras. Se había doctorado en Lingüística en Stanford, había pasado casi cuarenta años impartiendo clases de lengua en la universidad y hablaba con fluidez una docena de idiomas. Durante la Segunda Guerra Mundial había ayudado a descodificar los mensajes del ejército alemán en el frente italiano.

—¿A qué no imaginas qué hace para entretenerse? —me preguntó Bill—. Le encanta enseñar a otros los orígenes de las palabras. Es su pasatiempo favorito.

Bill me explicó que Arthur vivía ahora en una residencia para la tercera edad.

—Es el maestro indiscutible de las palabras —exclamó—. Tienes que conocerlo.

Unos días después de mi regreso de Viena, llamé a Arthur.

Mientras esperaba a que el teléfono sonase, imaginé a un hombre frágil y de tez cenicienta, que quizá llevara una mascarilla de oxígeno, conectado a un gotero en su cama, esperando compartir los últimos retazos de la sabiduría que había acumulado a lo largo de su vida.

Pero después de tan sólo medio tono, esa imagen se esfumó por completo cuando una voz clara y firme respondió:

—Arthur Watkins, ¿dígame?

—Hola, me llamo Kevin Hall —dije—. Bill Fillmore me dio su número y dijo que le avisaría de que yo iba a llamarle.

—Esperaba su llamada —respondió Arthur con voz formal pero con evidente entusiasmo.

—Confiaba en que pudiéramos vernos —dije, dispuesto a fijar una cita para esa misma semana.

—Esta noche estoy libre —se apresuró a responder Arthur.

Miré mi reloj. Eran casi las ocho de la tarde.

—Puedo llegar dentro de media hora —apunté con cierta timidez. No quería perturbar sus horas de sueño ni infringir el toque de queda impuesto en la residencia.

Pero la voz al otro lado del hilo telefónico contestó decidida:

—Perfecto. Estaré encantado de conversar con usted.

Cuando toqué a la puerta de la habitación de Arthur, éste me abrió vestido con un pantalón caqui y una camiseta con la bandera americana dibujada en el pecho. Calzaba unas deportivas negras Converse All-Stars. Era la viva imagen de lo americano. (Como siempre sería, según comprobé durante mis visitas sucesivas.) No era joven. Tenía la espalda algo encorvada, el rostro surcado de arrugas, unas orejas enormes y llevaba un audífono en ambas. Cuando sonreía, mostraba una serenidad semejante a Yoda de *Star Wars*. Todo su semblante denotaba sabiduría y experiencia.

Nos saludamos con un apretón de manos y Arthur me invitó a pasar. Se sentó en una butaca reclinable y yo en el sofá situado a su derecha. Resultó ser el lado en el que llevaba un audífono defectuoso, por lo que se apresuró a sentarse junto a mí en el sofá. Se colocó de forma que sus rodillas y codos casi rozaban los míos, para poder oír mejor lo que le decía. Me sentí de inmediato cómodo y relajado. Aunque él me llevaba más de cuarenta años, la conexión entre ambos fue instantánea y, según intuí, mutuamente entusiasta. A mi buen amigo, el autor de superventas Richard Paul Evans, le gusta compartir este aforismo chino: «Cuando el alumno está preparado, aparece el maestro». Yo debía de estar preparado, porque el maestro había aparecido.

Cuando eché un vistazo alrededor de su habitación de cuatro metros por cuatro, enseguida comprendí que Arthur era un amante de las palabras. Las pruebas abundaban. En la mesita de café había un ejemplar muy manoseado de un libro que Arthur se ufanaba en declarar que era su lectura favorita: el *Webster's New Collegiate Dictionary*. A un lado del sofá había un grueso libro en dos volúmenes encuadernado en tapa que contenía la historia de la vida de Arthur. Cada tomo estaba escrito a un espacio y dos columnas. Entre los dos, sumaban 1.416 páginas y más de un millón de palabras, y, según me dijo Arthur con ese tono neutro de las personas ancianas que no resulta jactancioso, constituía «la autobiografía más larga y completa jamás escrita en el mundo moderno o antiguo». Cuando le pedí permiso para utilizar el baño, vi pegada en el centro del espejo la palabra del vocabulario que había aprendido ese día. «Es un hombre de más de noventa años —me dije—, un experto en cuestiones de lengua, ¡y cada día aprende una palabra nueva!»

Esa noche comprobé que, como suele suceder en las residencias de la tercera edad de todo el mundo, la sabiduría, experiencia y conocimientos de quienes viven allí no conocen límites. No pude menos que sentirme un tanto abrumado en el modesto entorno de Arthur.

—Háblame de ti, Kevin —dijo Arthur sonriendo.

Los líderes descubren el sendero.

Le hablé de mi familia y mis aficiones y le expliqué que durante veinticinco años había enseñado y desarrollado estrategias de liderazgo. Le conté también que me sentía fascinado por las palabras y su poder, y que deseaba averiguar cuanto pudiera sobre sus secretos y cómo podían ayudarnos a llevar una vida provechosa.

—Al parecer te interesa el liderazgo, ayudar a los demás a dirigir sus vidas —dijo Arthur—. Empezaremos nuestro estudio de las palabras analizando el origen de la palabra *líder*.

Me explicó que el término inglés *leader* es una palabra indoeuropea, que deriva de dos palabras. La primera parte, *lea*, significa 'sendero', y la segunda, *der*, significa 'descubridor'.

—Un líder es un 'descubridor del sendero' —dijo Arthur—. Los líderes descubren el sendero. Interpretan los signos y las pistas. Ven y nos muestran el camino.

Tras una pausa, prosiguió:

—¿Te imaginas a un grupo de cazadores que saliera antiguamente en busca de una pieza, Kevin? —preguntó agitando los brazos y las manos para subrayar sus palabras—. Los que asumen el papel de líderes observan unos signos que indican la presencia de la pieza y se detienen para aguzar el oído. Se detienen para recobrar el aliento y se colocan a cuatro patas para reconocer las pistas. Observan huellas de pezuñas. Son los que tienen mejor oído y ponen la oreja contra el suelo para detectar dónde se encuentra la presa. Son los que palpan el suelo para averiguar hacia dónde se dirige el animal. Antaño, descubrir el auténtico sendero de los animales salvajes te garantizaba poder subsistir.

»Ser un líder significa descubrir el sendero —prosiguió Arthur, tras lo cual añadió—: pero antes de que puedas ayudar a otros a hallar su sendero, debes conocer el tuyo.

Lo que me dijo Arthur me procuró una visión nueva, una imagen compuesta por palabras, de lo que significa ser un líder. Me había abierto los ojos para que contemplara las palabras en una dimensión que jamás había soñado. Si es cierto que una imagen vale más que mil palabras, no es menos cierto que una palabra vale mil imágenes.

En una breve visita, mi nuevo maestro me había revelado que todas las palabras, sin excepción, poseen una esencia, y que el hecho de comprender esa esencia nos permite utilizarlas para iluminar nuestros senderos.

Esa primera noche pasé más de dos horas con Arthur. Estudiamos más de una docena de palabras, pero tuve la impresión de que habían transcurrido sólo unos minutos. Cuando miré mi reloj y vi que eran las diez y media, me pareció increíble.

Al encaminarme hacia el aparcamiento, sentí que un escalofrío me recorría la espalda, una sensación análoga a la que había experimentado hacía pocos días en Viena cuando había conocido a Pravin. Primero, mi senda me había conducido hasta un guía que esperaba para enseñarme una palabra muy potente; luego, esa noche, casi en el otro extremo del mundo, en una residencia de ancianos a menos de treinta minutos en coche del porche de mi casa, mi sendero me había conducido hasta un maestro que esperaba para instruirme en el poder de todas las palabras.

Oí de nuevo las palabras de despedida de Pravin, fuertes, claras e irrefutables. «Se trata de un viaje, Kevin. Todos estamos embarcados en uno». Y cuando seguimos nuestro sendero, encontramos a quienes están dispuestos a guiarnos. No se trata de un concepto místico y abstracto, una metáfora, una figura retórica o algo que sea matemáticamente imposible. Puede y suele ser una experiencia muy real, muy física.

La vida no es un ensayo

Hace unos años, yo era el jefe de exploradores de un grupo de *boy scouts* y nos encontrábamos en los Grand Tetons, una cordillera situada en el extremo noroccidental de Wyoming, donde habíamos instalado nuestro campamento de verano. Éramos dieciocho personas en total, contando a los líderes. La mañana en que los chicos tenían que acometer la prueba más dura para obtener la insignia al mérito de senderismo, una durísima caminata de 30 kilómetros, los reuní alrededor de la hoguera para hablarles sobre la importancia de fijarse metas y dar una orientación y un propósito claro a sus vidas. Peter Vidmar, ganador de dos medallas de oro en gimnasia en los Juegos Olímpicos y uno de los principales oradores del país, me contó que hacía poco había participado en una conferencia con uno de los especialistas en conducta humana más reputados del mundo, el doctor Gerald Bell, catedrático en la Universidad de Carolina del Norte en Chapel Hill. Peter me habló de una encuesta que el doctor Bell había realizado recientemente con el fin de analizar las vidas de 4.000 ejecutivos jubilados. Había hablado con esos destacados líderes empresariales, cuya media de edad era setenta años, en sus casas, en residencias de la tercera edad y en centros de rehabilitación, y les había formulado una sola pregunta: «Si pudiera volver a partir de cero, ¿qué cambiaría en su vida?»

Para reforzar la credibilidad del doctor Bell ante los chicos, les dije que había ayudado al equipo de baloncesto de Carolina del Norte a ganar el campeonato nacional cuando un joven llamado Michael Jordan formaba parte del equipo. Antes de iniciarse la temporada, el doctor Bell y el entrenador Dean Smith habían colgado en la taquilla de cada jugador un póster del Louisiana Superdome, la sede donde ese año se celebraría el campeonato nacional. La idea era hacer que cada jugador visualizara el momento de disputar el partido en ese campo. El póster sirvió como una imagen visual positiva que hizo que los jugadores se entregaran al máximo. Cada día, antes y después de entrenar, al abrir sus taquillas, veían un recordatorio de lo que se proponían conseguir. Era una imagen que decía: «Podéis lograrlo. Concentraos. Valéis lo suficiente como para conseguirlo. ¡Merece la pena esforzarse!» Durante toda la temporada pudieron visualizar su objetivo. Cuando cerraban sus taquillas casi podían oír al público aclamándolos. Y al término de la temporada habían conseguido lo que se habían propuesto: disputaron la final en el Louisiana Superdome, Michael Jordan marcó el tanto que les dio la victoria y ganaron el campeonato nacional.

Después de ese año triunfal, el doctor Bell y Dean Smith escribieron conjuntamente el libro *The Carolina Way*, que figuró en la lista de libros más vendidos del *New York Times*. Expliqué a los chicos que Dean Smith era el entrenador que había perfeccionado la preparación física de Michael Jordan. El doctor Bell, por su parte, había sido el responsable de su preparación mental.

Mientras esos exploradores, de entre doce y catorce años, me observaban, les expliqué lo que esos ejecutivos de setenta años habían respondido cuando el doctor Bell les preguntó qué cambiarían en sus vidas si pudieran volver a partir de cero.

La respuesta de la mayoría de los encuestados, que superaba con mucho a las demás respuestas, era ésta: «Habría asumido el control de mi vida y me habría marcado unos objetivos antes. La vida no es un ensayo, es el momento de la verdad».

Comenté con los *boy scouts* las demás respuestas a la encuesta: 2. «Habría cuidado más de mi salud, 3. «Habría administrado mejor mi dinero, 4. «Habría dedicado más tiempo a mi familia, 5. «Habría invertido más tiempo en mi desarrollo personal, 6. «Me habría divertido más, 7. «Habría planificado mejor mi carrera» 8. «Habría demostrado mayor gratitud a los demás».

Los juveniles e impresionables rostros de los chicos congregados alrededor de la hoguera mostraban diversos grados de atención. Mi propósito era que empezaran a pensar en su futuro, y de forma más inmediata, en lo que podían hacer ese día. ¿Qué objetivos se habían marcado para la caminata de hoy? ¿Estaban dispuestos a emplearse a fondo? ¿Estaban decididos a conseguirlo? ¿Se contentarían con pasar la prueba por los pelos, o apuntaban más alto?

Más tarde, durante la caminata, algunos chicos empezaron a rezagarse y les reté a que sobrepasaran los 30 kilómetros requeridos, que finalizaban en String Lake, y anduvieran otro kilómetro hasta Bearpaw Lake. Si lo hacían y regresaban a String Lake, habrían recorrido 31 kilómetros. Prometí llevar a todos los que recorrieran esa distancia a Jackson Hole e invitarles a comerse el mejor chuletón de su vida en el Million Dollar Cowboy Steakhouse. Así comprobarían que había una recompensa por recorrer ese kilómetro adicional.

Me llevé a cuatro de los quince exploradores. Dejamos al resto del grupo en el campamento y empezamos a correr, deseosos de rebasar el límite requerido. Pero tras recorrer varios kilómetros, cuando alcanzamos el desvío donde podíamos tomar un sendero rápido y fácil hacia String Lake o perseverar por la ruta más dura hacia Bearpaw Lake, dos de los exploradores cambiaron de parecer. Es interesante resaltar que esos chicos nunca habían tenido que afrontar situaciones difíciles en sus vidas, habían tenido unas vidas privilegiadas, como si hubieran nacido con un pan bajo el brazo. Cuando llegamos a la encrucijada, se contentaron con terminar cuanto antes la caminata. En lugar de seguir hasta Bearpaw Lake, se dirigieron directamente a String Lake.

A diferencia de ellos, los dos exploradores que se quedaron eran chicos que siempre estaban dispuestos a afrontar un reto, deseosos de superarse, de arriesgar, de crecer y ampliar horizontes. Tratándose de chicos cuyas edades oscilaban entre los doce y catorce años, era impresionante observarlos. ¿Qué tipo de vida familiar les había inculcado ese afán de superación?

Cuando llegamos a Bearpaw Lake y dimos la vuelta, sabiendo que sólo necesitábamos recorrer el último kilómetro por un terreno que describía una ligera pendiente para alcanzar la meta que nos habíamos impuesto (y el chuletón que les había prometido), miré hacia abajo y vi aparecer un corredor en excelente forma física que avanzaba con paso rápido y decidido. Llevaba gafas, aparentaba cincuenta y tantos años y en lugar de la expresión crispada que muestran muchos corredores, lucía una amplia sonrisa. Me alegré de contar con la compañía de otro corredor, pues ese kilómetro adicional no suele estar muy concurrido. Al acercarse, me preguntó:

—¿Es usted el jefe de exploradores Kevin Hall?

«¿Cómo es posible que uno de mis acreedores haya dado conmigo aquí, en los Grand Tetons?», pensé en broma.

—Sí —respondí.

—Acabo de pasar junto a dos de sus exploradores y estaban preocupados por si ustedes se extraviaban y no encontraban el camino de regreso —dijo el corredor—. ¿Le importa que vaya con ustedes y les indique el camino?

Me reí y contesté:

—Gracias. Conozco la ruta, pero estaremos encantados de que nos acompañe— Luego le pregunté qué le había traído a los Tetons.

—Estoy de vacaciones. Me encanta esta zona del país —dijo.

Quise saber de dónde era.

—De Chapel Hill en Carolina del Norte.

—¿No conocerá por casualidad al doctor Gerald Bell?

El corredor se paró en seco, al igual que yo, y los dos chicos que nos seguían por poco chocan con nosotros. Me miró y añadió:

—Verá… es que… el doctor Gerald Bell soy yo.

No sé quién estaba más sorprendido de ese encuentro fortuito, pero cuando nos recobramos de nuestro estupor, seguimos corriendo mientras yo explicaba al doctor Bell que esa mañana, después de leer el capítulo del día del libro de oraciones junto a la hoguera del campamento, habíamos hablado sobre su estudio de 4.000 ejecutivos jubilados.

—¿Es cierto que si estos ejecutivos pudiesen volver a empezar lo que cambiarían sería marcarse antes unas metas en la vida?

—Absolutamente cierto —contestó el doctor Bell.

Los dos exploradores estaban asombrados y entusiasmados de que nos hubiésemos encontrado con él. En esos momentos no existía otra persona con quien me apeteciese más conversar, y el doctor Bell, que siguió corriendo junto a nosotros por el sendero, nos proporcionó numerosos datos y pormenores sobre su estudio, esforzándose por recalcar la importancia de que uno asuma las riendas de su vida fijándose unas metas. Esos exploradores aprendieron una gran lección: cuando uno recorre ese kilómetro de más, pueden ocurrir cosas asombrosas.

Cuando nos despedimos, pregunté al doctor Bell qué probabilidades calculaba que teníamos de encontrarnos en el sendero precisamente el día en que yo les había hablado a los exploradores sobre su estudio. Respondió que no podía decir una cifra, quizás una entre un billón. O, como dijo uno de los exploradores, «una entre infinito».

Pero había ocurrido, y ocurre. Como Joseph Campbell explica de forma vívida en *El poder del mito*: «Cuando uno persigue su felicidad, sigue el sendero que siempre ha estado allí, se encuentra con personas que están en el ámbito de su felicidad, personas que le abren puertas».

Aunque algunos quizá prefieran atribuirlo a una casualidad, al azar o a simple suerte, sé que cuando aspiramos a alcanzar nuestros objetivos, cada conexión que hacemos conduce a otra, a otra más y así sucesivamente.

Las claves para hallar el sendero

Después de dedicar buena parte de mi vida al estudio del potencial y el desarrollo humanos, he llegado a comprender que quienes siguen su auténtico sendero y propósito hacen cinco cosas: 1. Son capaces de interpretar las pistas que les guían en su camino; 2. tienen muy claro adónde se dirigen; 3. reconocen y aceptan sus dones naturales; 4. están dispuestos a sacrificarse para hacer importantes aportaciones; y 5. persiguen su felicidad y, en consecuencia, encuentran a personas en su camino que están allí para ayudarles en su viaje.

«Y cuando pienso en ello —escribe Paulo Coelho en las últimas líneas de *El peregrino de Compostela*— supongo que es cierto que las personas siempre llegan en el momento indicado al lugar donde les espera alguien.»

➤ PENSAMIENTOS QUE ANOTO EN MI CUADERNO SOBRE
Descubridor del sendero

Para descubrir mi sendero es imprescindible que tenga siempre dos libros junto a mí. Como dijo el gran aventurero y escritor Robert Louis Stevenson: «Durante toda mi infancia y juventud llevé dos libros en el bolsillo, uno para leer y otro para escribir en él.»

Tengo un sendero que es único, y el libro en el que escribo es el mapa de ese sendero especial. Constituye un diario de mi heroico viaje. En él consigno dónde he estado y adónde me dirijo.

Jornada significa 'camino que se anda regularmente en un día de viaje'. En mi cuaderno escribiré y revisaré las pistas que descubro cada jornada en mi sendero.

Al dedicar cada día un tiempo a la reflexión, me deleito con mi viaje. Dedicaré tan sólo el uno por ciento de cada día, unos quince minutos, a reflexionar sobre las últimas veinticuatro horas y pensar en las posibilidades que me aguardan.

Cuatro cosas que debo reconocer cada día:

1. Las personas que aparecen en mi sendero para ayudarme a alcanzar mi propósito.
2. Las acciones que llevo a cabo cuando se presenta la oportunidad;.
3. Los pensamientos que me ayudan a crear una vida llena de sentido y significado.
4. Los momentos de intensa alegría y felicidad.

Este testimonio escrito de mi viaje me ayuda a no desviarme de mi sendero y a dirigirme hacia mi propósito.

IDENTIFICA Y HONRA A UN
Descubridor del sendero

ELIGE a alguien que conozcas cuya conducta sea la que mejor refleje a un auténtico descubridor del sendero.

ESCRIBE el nombre de esa persona en el recuadro inferior.

TIENDE la mano a esa persona, explícale el significado de 'descubridor del sendero' y por qué él o ella personifica esta palabra.

3

Namasté

*Ser uno mismo en un mundo que se empeña, noche y día,
en conseguir que seas como todo el mundo
representa librar la batalla más dura
que puede entablar el ser humano.*

E. E. CUMMINGS

En la costa californiana hay un sendero por el que me encanta caminar. Su trazado sigue la línea del litoral, serpenteando a un tiro de piedra de la playa arenosa y el oleaje del océano Pacífico que se extiende más allá. Luce un sol cálido, sopla una brisa constante y el olor, impregnado de sal, es delicioso. Hay unas personas sentadas en unas tumbonas en la playa, leyendo o tomando el sol, o bien echan una carrera hasta la punta y regresan, mientras los niños construyen castillos de arena y los surfistas se deslizan sobre las olas, y en el horizonte unos barcos surcan las aguas rumbo a tierras lejanas. En un lugar que suele atraer sólo a quienes desean estar allí, impera un ambiente apacible, que se refleja en la afabilidad con que la gente te saluda. Cuando sonrío y saludo a alguien con quien me cruzo en ese sendero, sé que me responderá con una sonrisa y un afable hola.

A menudo me pregunto qué reacción obtendría si, en lugar de decir «hola», «buenos días» o «¿qué tal?», dijera *namasté*.

Jamás lo he hecho, en primer lugar porque imagino que mi familia se estremecería de horror, pero si existe una palabra que debería ser exportada de Oriente a Occidente, es este saludo sagrado traducible como 'saludo lo divino que hay en ti; saludo los dones que Dios te ha concedido'.

Es natural que un saludo que muestra tal respeto sea expresado de una forma singular, reverente. Antes de pronunciar *namasté*, debemos juntar las palmas de las manos, inclinar la cabeza y tocarnos el corazón. Los aficionados al yoga, actividad en la que *namasté* se pronuncia con frecuencia, reconocerán ese movimiento.

Albert Einstein aprendió la palabra *namasté* y su significado al ver a Mahatma Gandhi en un documental saludando a la gente en las calles de la India con la cabeza gacha y las manos juntas. Escribió a Gandhi para preguntarle qué decía.

Gandhi respondió: «*Namasté*. Significa 'honro el lugar que hay en ti donde reside el universo. Honro el lugar que hay en ti de luz, amor, verdad, paz y sabiduría'».

Imagina el impacto que esa palabra podría tener en el mundo si todos los días mirásemos a las personas con las que nos cruzamos a los ojos y dijésemos:

Saludo lo divino que hay en ti. Saludo lo que haces mejor.
Saludo tus dones naturales. Honro tu ser único y especial.

Cada persona es un milagro irrepetible

El simbolismo de *namasté* alberga en su interior un mensaje de paz y armonía y saluda la conectividad y divinidad de todos los seres. *Namasté* transmite una señal clara de que no estoy armado y no voy a atacarte, al igual que el apretón de manos occidental, cuyo origen deriva de la guerra como un signo visible que demuestra que uno no porta ningún arma.

Pero *namasté* es mucho más que un símbolo de paz. Reconoce que nadie, ni un solo miembro de la familia humana, está exento de recibir unos dones que le pertenecen única y exclusivamente a él. Por más que nos parezcamos, en función de nuestra raza, ideología, el lugar donde vivimos, el partido político al que pertenecemos o cómo nos peinamos —suponiendo que tengamos pelo—, cada uno de nosotros es un ser único. En la tierra hay más seis mil millones de personas, pero ninguno de nosotros tiene las mismas huellas dactilares, o huellas de los pies, o ni siquiera la misma risa. Cada individuo es auténtico; cada persona constituye un milagro irrepetible.

En un mundo masificado en el que se nos exige de forma sistemática la uniformidad, es fácil olvidar que cada uno de nosotros es único. ¿Cuántas veces les comunicamos a nuestros hijos, nuestro cónyuge, nuestros empleados: «¿por qué no intentas ser como............? (rellena tú mismo el espacio de puntos)?» ¿Cuántas veces se les dice a directivos empresariales, vendedores, educadores, adolescentes, deportistas y a centenares de personas que sólo hay una forma de actuar o llevar a cabo una tarea?

¿Cuántas veces somos incapaces de reconocer nuestra singularidad? ¿Y cuántas veces, al no reconocerla, malogramos nuestros dones naturales y nuestro desarrollo personal, cuando son precisamente estos rasgos los que hacen que nuestra aportación sea más valiosa?

Atrévete a aspirar a más

Cuando yo tenía diecinueve años, un amigo me regaló un ejemplar de un libro clásico titulado *I Dare You!* ('¡A ver si te atreves!') Fue el primer libro de autoayuda que leí. Publicado en 1931, durante la Gran Depresión, estaba escrito por un hombre llamado William Danforth, fundador de la Ralston Purina Company y cofundador de la American Youth Foundation.

El libro se hallaba ya en su vigésima sexta edición cuando lo leí. Había sobrevivido a la Depresión y a muchas otras vicisitudes. En sus páginas, Danforth nos reta a sacar lo mejor y más auténtico de uno mismo, motivándonos a todos —si aceptamos el reto— a aspirar a más.

El capítulo central, «Atrévete a construir tu carácter», relata una historia que nunca olvidaré. Según una leyenda hindú (dice Danforth), hubo un tiempo en el que todos los hombres que habitaban la tierra eran dioses, pero esos hombres pecaron y ultrajaron su divinidad hasta el extremo de que Brahma, el dios supremo, decidió desposeer a los hombres de su divinidad y ocultarla en un lugar donde no pudieran hallarla y ultrajarla de nuevo. «La enterraremos en lo más profundo de la tierra», dijeron los otros dioses. «No —respondió Brahma—, porque el hombre excavará la tierra y la encontrará.» «En tal caso la sepultaremos en el océano más profundo», replicaron. «No —respondió Brahma—, porque el hombre aprenderá a explorar el mar y también la encontrará allí.» «La ocultaremos en la montaña más alta», propusieron. «No —respondió Brahma—, porque el hombre escalará un día todas las montañas de la tierra y capturará de nuevo la divinidad.» «Entonces no sabemos dónde ocultarla para que el hombre no pueda dar con ella», contestaron los dioses menores. «Yo os diré dónde la ocultaremos —respondió Brahma—. La ocultaremos dentro del propio hombre. Jamás se le ocurrirá buscarla allí.» Y eso hicieron. Y desde entonces en todos los hombres se oculta una parte de lo divino; desde entonces el hombre ha excavado la tierra, ha explorado los mares y ha escalado montañas en busca de esa cualidad divina que lleva siempre oculta en su interior.

En su libro *Volver al amor*, la célebre autora Marianne Williamson escribe con elocuencia sobre el instinto que tenemos para reconocer nuestros dones divinos: «Nuestro mayor temor no es ser unos incompetentes. Nuestro mayor temor es que poseemos un poder increíble».

En nuestra esencia, en el fondo de nuestro ser, en nuestros momentos de mayor sosiego, una vez que logramos superar ese temor somos capaces de aceptar la grandeza que reside en nosotros.

TARDES CON ARTHUR

Arthur era la viva imagen del entusiasmo cuando entré en su habitación para nuestra sesión dedicada al estudio de las palabras, que organizamos todos los martes por la tarde en la residencia de la tercera edad de Summerfield Manor. Yo estaba acostumbrado a su juvenil exuberancia. Arthur estaba sordo, se movía con un andador, había renunciado a muchas cosas que no podía comer, pero su amor por las palabras y el lenguaje era tan intenso como siempre.

Mientras hablábamos sobre el significado de *namasté*, Arthur empezó a patear el suelo muy excitado, como un chico de doce años.

—¡Me encantan las palabras, Kevin! ¡Siento auténtica pasión por ellas! —exclamó.

Arthur amaba las palabras casi tanto como a su esposa, Ruth, fallecida en el año 2000. A Arthur le gustaba recordarla y tenía distribuidas por su habitación numerosas fotografías de ella, una guapa mujer de pelo castaño.

Me habló de la luna de miel que disfrutaron en 1941 y de lo bien que lo habían pasado visitando los parques nacionales, aunque me confesó que se habían producido algunos momentos de cierta tensión cuando su flamante esposa le había pillado encerrado en el armario ropero con el diccionario de hebreo.

Estaba memorizando el alfabeto en dicha lengua.

—¿Estabas memorizando el alfabeto hebreo en tu luna de miel? —le pregunté con fingida incredulidad. Yo ya conocía a Arthur lo bastante para saber que no exageraba la verdad de los hechos.

—Sí —respondió con la timidez de un chaval sesenta años después de que ocurriera esa anécdota. Arthur había «engañado» a su esposa con un libro sobre lenguaje. A ambos les profesaba un profundo amor.

Las palabras producían en Arthur una profunda emoción. Gozaba contándome la primera vez que había oído hablar en alemán o cómo casi se le habían saltado las lágrimas al escuchar los sonidos poéticos y la elegante simplicidad de ese idioma. Me contó que había sido incapaz de comer y dormir hasta que empezó a aprender esa hermosa lengua.

Cuando hablamos sobre el significado de *namasté*, Arthur observó:

—Todo indica que tiene los mismos orígenes que nuestra palabra *entusiasmo*. Procedente del griego, *entusiasmo* significa 'llevar a Dios dentro de uno', o 'llevar los dones de Dios dentro de uno'.

El entusiasmo, continuó Arthur, es el combustible de la alegría y la felicidad. Se refiere a la luz divina que brilla dentro de todos nosotros.

Mientras el maestro de las palabras seguía hablando, miré por su habitación, observando el testimonio de sus dones únicos: un montón de apuntes de clase, un manoseado diccionario, numerosos libros sobre etimología y los orígenes de las palabras, y la forma en que Arthur los utilizaba para proporcionar combustible a una vida llena de alegría y felicidad.

Conforme se iba animando, Arthur empezó a enumerar toda una familia de palabras relacionadas con *namasté*.

Mencionó la palabra *auténtico* y me contó que procede de dos palabras, *autos*, que significa 'uno mismo', y *hentes*, que significa 'ser'.

—*Auténtico* —dijo Arthur sonriendo mientras movía las manos para subrayar sus palabras— significa 'ser uno mismo'.

Namasté saluda la autenticidad, cosa que la sociedad no suele hacer.

Arthur se refirió también a la palabra *genio* y comentó que proviene del término romano *genuinus*, que significa 'lo que es innato en uno'. *Genio* significa ni más ni menos que ser 'genuino'.

Las personas que siguen su naturaleza desarrollan su genio, perfeccionándolo con cada nuevo reto, sin contentarse nunca con sus horizontes presentes.

La conversación giró luego en torno a la palabra *carácter*, cuyo significado, según me explicó Arthur, ha cambiado de forma notable a lo largo de los años. Originariamente significaba 'algo que estaba grabado' en madera, en metal, en piedra o en el alma de uno. *Carácter* representa lo que es uno; es uno en su totalidad, el conjunto de todo lo que te ha acontecido, todas las experiencias buenas y malas.

En los tiempos de Shakespeare, el término *character* en inglés adquirió otro significado totalmente opuesto y significaba el papel que desempeñaba un actor; los *characters* interpretaban papeles, luciendo unas máscaras para ocultar su auténtica identidad. En lugar de definir a la persona, el *character* definía a quien uno no era.

Si no nos andamos con cuidado, el mundo puede lograr ocultar nuestra identidad. La uniformidad, el encasillamiento, el afán de centrarse en los defectos en lugar de hacerlo en las grandezas se confabulan para enmascarar los dones que Dios nos ha concedido, nuestro *namasté*, distraernos y desviarnos de nuestro auténtico sendero y propósito. En lugar de «ser fieles a nosotros mismos», nos convertimos en un *character* que interpreta el papel que nos han asignado otros. Tratamos en vano de ser todo tipo de cosas para distintas personas sin conseguir satisfacer a nadie.

Entonces le planteé una pregunta a Arthur.

—Si debemos saludar los dones que todos llevamos dentro, ¿cómo podemos reconocer esos dones?

Arthur me explicó el significado de *reconocer*, y me pareció que escuchaba esa palabra por primera vez.

Re significa 'de nuevo', y 'conocer' deriva del latín *cognoscere,* que significa precisamente eso, 'conocer'. *Reconocer* significa 'conocer de nuevo'.

Reconocer nuestros dones naturales es como encontrarnos con un viejo amigo. Uno tiene la sensación de regresar a casa. Y así es, pues uno regresa a su ser auténtico y genuino. Es una sensación maravillosa, natural e inconfundible.

Una sensación de fluidez total.

Al sacar provecho de sus dones naturales, su amor por las palabras, Arthur ha logrado conjugar a la perfección su vocación con su pasatiempo favorito. Como suele ocurrir en el caso de quienes honran a su *namasté*, su pasatiempo se había convertido en su trabajo, y su trabajo en su pasatiempo.

El talento desaprovechado es un pecado

Tenía un abono para ver a los Utah Jazz el año en que se clasificaron para disputar a los Chicago Bulls el campeonato de la NBA. Mi esposa, Sherry, y yo tuvimos la suerte de estar en Houston para asistir al partido de campeonato de la Conferencia Oeste, cuando los Jazz consiguieron participar por primera vez en las finales de la NBA y John Stockton lanzó «el Gran Tiro» fuera del alcance de Charles Barkley. A la mañana siguiente regresamos en avión y apenas pusimos el pie en casa y abrazamos a los niños cuando mi hija me pasó el teléfono. Dijo que era alguien de Chicago que quería hablar conmigo.

La voz del otro lado del hilo telefónico dijo:

—Hola, soy Gene Siskel.

Yo no tenía remota idea de quién era Gene Siskel.

—Disculpe, ¿puede repetirme su nombre?

Mi interlocutor levantó un poco la voz al responder:

—Gene Siskel, de la columna periodística de cine «Siskel and Ebert and the Movies».

Por fin caí en la cuenta de que estaba hablando con el crítico de cine del *Chicago Tribune*, el hombre que había inventado el gesto de alzar los dos pulgares en señal de aprobación.

Gene me contó que me había llamado porque había oído decir que yo tenía unos asientos en el campo de los Jazz, justo detrás del banquillo del equipo visitante, un banquillo que durante los próximos partidos lo ocuparía su equipo favorito de baloncesto, los Chicago Bulls. Quería cambiarme dos asientos de primera fila en el United Center de Chicago por mis cuatro asientos en el Delta Center de Utah. Nos reímos y bromeamos cuando le expliqué que en matemáticas cuatro no eran igual a dos. Pero finalmente llegamos a un acuerdo que nos satisfizo a ambos e iniciamos una amistad que duró hasta que por desgracia Gene nos dejó a una edad prematura debido a un tumor cerebral.

Cuando volamos a Chicago para asistir a los partidos, Gene y su esposa Marlene nos llevaron a Sherry y a mí a Gibson's, «el restaurante donde sirven la mejor carne de la ciudad». Cuando Gene y yo nos pusimos a hablar sobre las vueltas que da la vida, no tardamos en constatar que teníamos muchas cosas en común. Aunque nuestros gustos en materia de equipos de baloncesto fueran como el día y la noche, nuestras ideas sobre la vida eran sorprendentemente parecidas.

Al poco rato, Gene pronunció una frase que yo no había oído nunca y que jamás he olvidado.

—Kevin —dijo Gene— un talento desaprovechado es un pecado. Todos tenemos ciertos talentos que nos han sido dados —prosiguió—. No sólo afirmo que el hecho de no desarrollar nuestro talento equivale a no utilizar nuestro potencial, sino que es, además, un pecado.

Cuando me habló sobre su infancia empecé a comprender el motivo de que sostuviera unas opiniones tan contundentes sobre el tema. Gene me explicó que había perdido a sus padres de niño y había sido criado, junto con su hermana y su hermano, por unos tíos que trataron a los pequeños Siskel como si fueran sus hijos. Ese tío tan especial para él le enseñó que todos recibimos unos determinados talentos por una razón, y que cada cual tiene la responsabilidad de desarrollarlos, perfeccionarlos y hacer algo provechoso con ellos.

—Comprendí de muy joven que lo que me atraía era lo visual y auditivo, y el cine me chiflaba —dijo Gene—. Era mi pasión, algo que me fascinaba. Deseaba compartir con los demás mi pasión por el cine. Ni siquiera imaginé que pudiera ganarme la vida con ello. Pero es lo que hago, ganarme la vida como crítico de cine, aunque no tenga la sensación de haber trabajado un solo día de mi vida.

Gene describió *namasté* en su sentido más elemental: antes de poder saludar la grandeza en otros, debemos saludar la grandeza que hay en nosotros mismos.

Identificar nuestros dones únicos

Cuando comencé a trabajar en el ámbito del desarrollo personal dirigiendo el equipo de ventas de Franklin, Denis Waitley, autor del libro *The Psychology of Winning* ('La psicología de la victoria'), me recomendó que pasara un par de días en la

Johnson O'Connor Research Foundation, conocida también en sus primeros tiempos como el Laboratorio de Investigación Humana. Allí podían enseñarme a identificar mis dones naturales.

—Te someten a una serie de pruebas —me explicó Waitley—, algunas físicas, otras psicológicas. Luego, basándose en los resultados, evalúan con qué tienes una afinidad natural y con qué no.

Acepté el consejo de Denis y se dio la circunstancia de que realicé la prueba junto a una monja. Supongo que aspiraba a ser la mejor monja, sin excepción.

La prueba consiste en una valoración a fondo de los dones naturales de una persona. En algunos apartados obtuve un resultado poco satisfactorio. Por ejemplo, hay una categoría denominada «capacidad prensora» que analiza la habilidad con los dedos y las manos. En este aspecto soy un desastre y si yo fuera neurocirujano, mis pacientes estarían condenados a muerte. La monja me derrotó en capacidad prensora. Los resultados de la prueba demostraron además que yo jamás sería un buen ingeniero estructural.

Pero con estas pruebas se busca hacer más hincapié en lo positivo que en lo negativo. La idea no es exponer los puntos débiles de una persona, sino identificar sus puntos fuertes. Después de dar al traste con la esperanza que yo pudiera albergar de ser un neurocirujano, los analistas me preguntaron:

—¿Sabe en qué destacó? ¿Sabe qué dones naturales posee? ¿Sabe que se encuentra usted dentro del cinco por ciento que ha obtenido mejores resultados entre las decenas de miles de personas a las que hemos sometido a estas pruebas?

Les escuché con gran atención.

—Tiene un profundo don para la «ideaforia» —me informaron—. Es su don más acusado.

Para ser sincero, jamás había oído la palabra *ideaforia*. La prueba que había identificado esa fuerza que yo desconocía era bien simple: los analistas habían colocado una palabra ante mí y me habían entregado un papel en blanco; luego me habían pedido que escribiera todos los pensamientos que se me ocurrieran relacionados con esa palabra mientras me cronometraban. Cuando el tiempo concluyó, yo había llenado la hoja por ambas caras y me había faltado papel, aunque tenía la sensación de no haber terminado. Había bastado una palabra para dar rienda suelta a mi imaginación.

¡Ideas! Ése era mi don. ¡Podía descollar en ese campo!

Para ser fiel a mí mismo, para brillar realmente, necesito crear, explorar, escribir y buscar constantemente lo que se encuentra más allá de los límites fijados.

—Está usted destinado a crear y acuñar nuevas ideas —me dijo el analista de Johnson O'Connor—, pero no en un ambiente en el que tenga que someterse a las estrategias y planes de otros. Tiene que hallar la forma de sentirse libre para explorar sus ideas innovadoras y creativas. Debe hacerlo para seguir su sendero y manifestar sus dones y talentos.

De lo contrario, sería culpable de lo que mi amigo Gene Siskel calificaba de pecado.

Lo cierto es que lo que averigüé en Johnson O'Connor no me sorprendió. En el fondo ya sabía qué dones poseía y lo había sabido siempre de modo intuitivo. Pero los analistas habían confirmado lo que yo ya conocía. A veces se me ocurre un torrente de ideas que me asalta de forma tan imprevista y con tanta fuerza que soy incapaz de comer, ducharme e incluso ir al baño durante horas. Por eso llevo siempre mi cuaderno mientras transito por mi sendero, para anotarlas de inmediato. Tal como aprendí en *Piense y hágase rico*, de Napoleon Hill, «el mejor momento para analizar una idea es cuando nace. Cada minuto que vive tiene más probabilidades de sobrevivir». Cuando a uno se le ocurren unas ideas, puede utilizarlas o desecharlas, puede escribirlas en un papel o arriesgarse a que se evaporen.

Desde entonces he identificado mi método personal para alcanzar mi propósito, que consiste en conectar palabras, ideas y personas. Mi pasión ayuda a los demás a conectarse con su sendero y hacer realidad su propósito en la vida. Cuando conecto a dos personas, tengo la sensación de llenar las dos caras de aquella hoja de papel. Veo un sinfín de formas para hacer que dos personas puedan aportar mutuamente sus necesidades y triunfos.

¿Qué sabes con certeza?

Gene Siskel solía utilizar una frase que le caracterizaba. Preguntaba: «¿Qué sabes con certeza?» En realidad se trataba al mismo tiempo de una pregunta y un recordatorio: ¿nos estamos centrando en lo que amamos, en lo que nos resulta natural, en lo que hacemos mejor? Ese pensamiento —«¿qué sabes con certeza»?— se encuentra en la última página de cada número de la revista *O* de Oprah Winfrey. Oprah dice que tomó prestada esta ingeniosa frase de Gene, y al imprimirla al final de cada revista, refuerza la importancia de esta pregunta sencilla y a la vez profunda.

A mi modo de ver, «¿qué sabes con certeza?» constituye la esencia del análisis sobre nuestros dones naturales que llevan a cabo en la fundación Johnson O'Connor. Esa valoración tuvo una importancia inestimable para mí, fue un aviso para que me centrara en lo que hago mejor. Reconocer eso es imprescindible. Si no reconocemos nuestros dones, no podemos utilizarlos. ¿Cómo podemos apreciar un don, es decir, un regalo, si no lo abrimos?

Las personas situadas en el punto más alto de la curva de aprendizaje, los que descuellan en sus respectivos ámbitos, la flor y nata, los mejores de los mejores, los que tienden a brillar un poco más que los demás, se concentran en una cosa: sus dones singulares. Suelen afirmar que estarían dispuestos a hacer lo que hacen de forma gratuita.

En BMW, una gran empresa que es asimismo uno de mis clientes, me pidieron que creara para ellos un lenguaje que vendiera en lugar de inspirar rechazo. Esa tarea me condujo a la principal asesora de clientes para BMW en Norteamérica, Neda Shahrokhi. Neda vende unos novecientos flamantes BMW al año. Sí, lo has oído bien: novecientos. Eso significa que son casi tres al día, prácticamente cada día del año. Y lo consigue todos los años al margen de la situación favorable o desfavorable de la economía. La propia Neda me explicó el secreto de su extraordinario éxito:

—No utilizo unas técnicas de venta determinadas. No manipulo a nadie para que compre un coche. No me obsesiona cerrar el trato. Pero se me da genial crear unas buenas relaciones. Para mí, vender un coche no consiste sólo en cerrar un trato. Cerrar un trato es una transacción comercial a corto plazo. Tengo un don especial para crear magníficas relaciones a largo plazo. Vender un coche consiste simplemente en ofrecer un servicio a mis amigos. Lo haría gratis.

Así es como suelen pensar quienes honran su *namasté*. Cuando uno cree haber hecho algo de forma gratuita, significa que ha encontrado su auténtico sendero y es entonces cuando se da cuenta de que ha conectado con lo que le resulta natural.

Alice Elliot, considerada una de las personas más influyentes en el sector de la hostelería, me contó hace poco que de niña se entretenía confeccionando sus propias tarjetas de visita.

—Siempre supe que me dedicaría a esto —dijo—. Solía sentarme en la cama y dibujaba mi nombre y mi cargo en unos papelitos: «Alice Elliot, presidenta y directora general». Y luego repartía las tarjetas entre mis amigos.

En la actualidad Alice es presidenta y directora general del Elliot Group, una prestigiosa firma especializada en la búsqueda y selección de directivos, y entrega sus tarjetas a los directores generales y ejecutivos que utilizan su empresa.

Sigue a tu naturaleza

Suele decirse que la naturaleza trabaja, pero en realidad la naturaleza no trabaja. No hay más que mirar a nuestro alrededor para comprobarlo: todo lo referente a la madre naturaleza es armonía y fluidez. La madre naturaleza no lucha contra los elementos, los acepta; los ríos no tratan de fluir cuesta arriba; las plantas no tratan de crecer en el Ártico; los animales prosperan en su estado natural.

El otro día un precioso colirrojo real, una máquina voladora natural y perfecta, apareció frente a mi ventana, flotando en el aire como una cometa suspendida de una cuerda. Tan sólo agitaba de vez en cuando las alas para permanecer flotando allí durante lo que pareció una eternidad. No daba la impresión de que le costara un esfuerzo. Ese colirrojo era libre, libre para ser como era. Hacía lo que le dictaba su naturaleza, lo que hacía mejor.

Durante mis seminarios de instrucción, suelo preguntar a los asistentes qué tipo de facultad desearían poseer. La respuesta más frecuente es, invariablemente, volar. Desean ser libres.

Si realmente lo que deseas en tu vida es volar, si deseas surcar las alturas más elevadas que jamás pueda imaginar un ser humano, entonces debes sentirte libre para ser tú mismo. Siéntete libre para seguir a tu naturaleza.

Todos hemos oído las expresiones «tienes un don natural para esto», «es natural en ti», «lo llevas en la sangre», «naciste para dedicarte a esto»… La voz *naturaleza* proviene del latín *natura*, que significa 'nacer o parir'. *Naturaleza* son los dones con los que uno nace, su genialidad, «el genio que todos llevamos dentro». Y ese genio te concederá todos tus deseos y tus sueños más nobles.

Haz lo que estás destinado a hacer

El mayor error que puede cometer una persona es no ganarse la vida haciendo lo que le gusta hacer. ¿No es acaso el mayor deseo de todos los padres que sus hijos descubran el potencial que llevan dentro? Lo que más me preocupa no son las notas que traen mis hijos, los colegios a los que van, las carreras o los negocios que emprenderán. No me importa el dinero que ganen, siempre y cuando sea el suficiente para emanciparse. Lo que deseo para mis hijos, y creo que es lo que la mayoría de padres desean para los suyos, es que descubran y reconozcan su *namasté* y lo vivan cada día. Si lo consiguen, el resto —las notas, el trabajo, la carrera, el dinero— se resolverá de modo natural.

Recuerdo que un día mi hija Season me llamó desde la universidad. Estudiaba Magisterio. Cuando respondí al teléfono, noté un tono de cierta confusión en su voz.

—Papá —dijo—, hoy, cuando estaba a punto de acabar mis clases, sentí que algo no encajaba. Siempre he querido ser maestra; tú y mamá siempre me habéis dicho que sería una excelente maestra y siempre me habéis animado a que lo fuera. Pero ¿sabes lo que realmente desearía hacer? Quiero ser diseñadora de moda. Ya sabes que siempre me ha gustado confeccionar cinturones y bolsos, y cuando los llevo para ir a trabajar la gente me pregunta dónde los he comprado, y cuando les digo que los he hecho yo, me piden que les venda mis diseños. Eso es lo que deseo hacer.

—Muy bien, Season —respondí—, ¿por qué no haces lo que deseas?

En ese momento de su vida, mi hija se sentía insatisfecha en varios aspectos. No había hallado su camino. Necesitaba seguir su vocación. En la actualidad es una diseñadora de moda de éxito. Tiene su propia línea de ropa para niños llamada Little Season. Posee un estilo propio. No intenta ser la próxima Donna Karan, ni la próxima Nicole Miller. Es la próxima Season Hall Everton.

En *El poder del mito*, Joseph Campbell escribe: «La forma de averiguar qué es lo que le hace feliz es recordar los momentos en que se sintió más feliz, no simplemente alegre o eufórico, sino profundamente feliz. ¿Qué es lo que le hace feliz? Persista en ello al margen de lo que le diga la gente. En eso consiste perseguir su felicidad».

Todos tenemos un sendero único

Cuando uno maximiza sus talentos, significa que está siguiendo su sendero, su propósito, su meta; cuando no lo hace, no sigue su sendero ni su propósito ni su meta.

¿Te has sentido alguna vez estresado, sobrecargado o con la sensación de que vas a sufrir un colapso nervioso? Desde luego, todos nos sentimos así de vez en cuando, en ciertos momentos de nuestra vida, pero si te sientes así de forma constante y regular, desde el momento en que te despiertas por la mañana hasta que te acuestas por la noche, está claro que no estás siguiendo tu sendero, y probablemente no haces lo que estás destinado a hacer. Esas tres palabras —*estrés, sobrecarga* y *colapso*— no estaban destinadas a describir a seres humanos, sino a máquinas. Son palabras que empezaron a ser empleadas en ese sentido durante la era industrial. Cuando la cadena de montaje de una fábrica estaba estresada o sobrecargada, acababa colapsándose.

En uno de sus raros escritos, Hafiz, el sabio maestro sufí, dice: «Puesto que no existen fórmulas para alcanzar la verdad del camino, cada uno de nosotros debe arriesgarse a dar sus propios pasos. Sólo los ignorantes tratan de imitar la conducta de otros. Las personas inteligentes no pierden el tiempo con eso, desarrollan sus habilidades personales, saben que no hay dos hojas iguales en un bosque de cien mil árboles. No hay dos trayectos iguales en un mismo camino».

Cuando prosigas tu viaje, recuerda que las huellas que dejas en tu camino son tan únicas como el sendero por el que transitas.

Selecciona tu palabra

Lo primero que hago cuando instruyo a alguien que aspira a más, a crecer, a llegar más alto en la vida, es pedir a esa persona que seleccione la palabra que la describa mejor. Cuando lo ha hecho, es como si esa persona hubiera pasado una página de un libro y hubiera subrayado una palabra. En lugar de ver trescientas palabras distintas en la página, la atención, e intención, de esa persona se centra de inmediato en esa palabra, ese don. Aquello en lo que una persona se concentra se expande.

Puedes hacerlo tú mismo o pedir a tus amigos y familiares, las personas que te conocen mejor, qué palabra utilizarían ellas para describirte. Esa palabra podría ser *artista*, *poeta*, *comunicador*, *director* o *músico*. Quizá seas *organizador*, *director*, *conector* o *líder*. El único requisito es que debe ser una sola palabra, y en última instancia la decisión depende de ti.

Cuando hayas seleccionado tu palabra, escríbela en el espejo de tu baño o en el retrovisor o el espejo interior del coche, en tu mesa de trabajo, en tu ordenador, en el frigorífico, junto a las llaves del coche, en cualquier lugar donde puedas verla todos los días. Es tu saludo *namasté*, un saludo desde el corazón al don especial que llevas dentro.

¿Te imaginas la vida mágica, el mundo extraordinario en que vivirías si te saludaras a ti mismo todos los días de esa forma mágica y respetuosa? Transformarías tu mundo. Mírate de nuevo en el espejo, contempla tu palabra, piensa en tus dones y recuerda el sabio consejo de Mahatma Gandhi: «Tú debes ser el cambio que deseas ver en el mundo».

Tú puedes cambiar el mundo.

Namasté.

➤ PENSAMIENTOS QUE ANOTO EN MI CUADERNO SOBRE *Namasté*

Nací con unos dones y talentos inimitables. Honro al Dador de esos dones abriéndolos y compartiéndolos con generosidad.

Los talentos y los dones no se reducen ni disminuyen al compartirlos, sino que se expanden y aumentan como se ensanchan las ondas cuando arrojamos una piedra a un estanque.

El premio Nobel Alexander Solzhenitsyn nos enseñó que «el talento siempre es consciente de su abundancia y no se opone a ser compartido».

Aprovechar mis dones naturales es el primer paso y el más importante para vivir una vida de abundancia y plenitud.

Abundancia se originó a partir de la ondulación y munificencia del mar. Cada ola comporta la perspectiva de otra sucesión de olas, confirmando así el hecho de que la naturaleza lo da todo y no pierde nada.

Plenitud también proviene del agua. Un vaso no puede desbordarse a menos que esté lleno.

Descubrir la intersección entre lo que siento en mi corazón y lo que necesita el mundo me ayuda a descubrir mi misión y propósito en la vida.

Sigo en mi sendero y propósito dejando constancia en mi cuaderno de los momentos en que siento una profunda felicidad

en mi corazón, cuando experimento alegría y paz interior, cuando
reboso de una sensación de plenitud y abundancia.

Reconocer ese sentimiento puro de felicidad me permite
compartir con generosidad mis dones y saludar lo divino que llevo
en mi interior.

Me comprometo a dejar de hacer lo que hago bien y empezar
a hacer lo que hago de forma sobresaliente. Ésa es la esencia
de namasté.

IDENTIFICA Y HONRA A UN PRACTICANTE DE *Namasté*

ELIGE a alguien a quien conozcas que honre sus dones
únicos.

ESCRIBE el nombre de esa persona en el recuadro inferior.

TIENDE la mano a esa persona, explícale el significado de
namasté y por qué personifica ella esta palabra.

4

Pasión

Ésta es la esencia del espíritu humano...
Si logramos hallar algo por lo que merece la pena vivir,
si logramos dar un sentido a nuestra vida,
hasta el peor de los sufrimientos es soportable.

Viktor Frankl

En la fría noche del desierto, Chad Hymas, dispuesto a batir el récord mundial de distancia recorrida por un tetrapléjico en triciclo comprobó de nuevo que su vehículo estaba a punto. Durante once días y once noches, viajaría montado en él.

A la luz de los faros del vehículo de apoyo que le seguía, Chad se volvió hacia mí, que lo acompañaría en mi bicicleta para ofrecerle apoyo moral durante la primera etapa de su viaje. Chad me miró con nerviosismo e impaciencia. Era natural que la oscura carretera que se extendía ante él le infundiera cierta aprensión, pero estaba decidido a emprender su aventura.

Sabiendo que haría frío y que Chad no podía correr el riesgo de resfriarse, yo le había llevado suficiente ropa de abrigo para cubrirlo de pies a cabeza. Insistí en que se aislara de los elementos con prendas protectoras. Envuelto en varias capas de prendas como una momia, partió vestido con la indumentaria invernal de un ciclista: cubrezapatos térmicos, fundas protectoras para piernas y brazos, cazadora, guantes largos, casco invernal y gafas Oakley de cristales transparentes.

Sonreí al pensar en el estupor que experimentarían los transeúntes al ver a dos hombres adultos, supuestamente responsables, en una carretera desierta persiguiendo sus sombras a medianoche con unos reflectores parpadeantes a sus espaldas; sobre todo uno, que perseguía el sueño de una persona adulta vestido como un niño en invierno, montado en lo que parecía un triciclo en pleno julio.

Puesto que Chad no puede regular su temperatura corporal, había elegido julio para perseguir un objetivo que muchos afirmaban que era imposible. Viajaría a través del desierto de día, refrescándose con toallas frías cuando acusara el calor, y a medida que la temperatura descendiera se enfundaría más prendas. Su meta: viajar en su triciclo de día y de noche, deteniéndose sólo cuando tuviera que descansar y dormir hasta llegar a Las Vegas, a ochocientos veinticinco kilómetros de distancia.

Dos años antes Chad había perdido la movilidad de las piernas y de una gran parte del tronco debido a un accidente que se había producido en una fracción de segundo, cuando trajinaba heno en el rancho de su familia. Al alzar una bala de heno de una tonelada con su tractor, de improviso la gigantesca bala había caído hacia atrás, había golpeado a Chad en la cabeza y lo había aplastado contra el volante del tractor. Lo transportaron de inmediato al hospital, donde, gracias a la pericia de los médicos, lograron salvarle la vida pero no la movilidad de su cuerpo. A excepción del limitado movimiento de sus brazos, Chad había quedado paralizado del cuello para abajo.

Su vida y los planes que se había trazado habían quedado alterados para siempre. Pero, aunque su cuerpo estaba paralizado, su capacidad para soñar, no.

Después de su estancia en el hospital y un breve período en que no cesaba de preguntarse «¿por qué ha tenido que ocurrirme a mí?», Chad aceptó la realidad de que su vida seguiría adelante. Su esposa, Shondell, y sus dos encantadores hijos le querían y lo necesitaban tanto como antes. A sus ojos, su papel de esposo y padre no había disminuido. Aunque no podía trabajar físicamente en el rancho familiar, Chad decidió que tenía que buscar una nueva forma de sentirse realizado y unos nuevos sueños para su maltrecho cuerpo, que había sufrido un cambio radical.

Fue por esa época cuando nuestros caminos se cruzaron. Un amigo de un amigo le dijo a Chad que yo tenía cierta experiencia como conferenciante y concertó un encuentro con él en mi casa. Chad me dijo que creía tener una historia, y añadió en tono de guasa que como su facultad de hablar no había mermado, se le había ocurrido dedicarse a dar charlas y coloquios para mantener a su familia.

De ahí partió la idea de emprender el épico maratón en un triciclo.

Con el objeto de transmitir un mensaje que alentara e inspirara a los demás a perseguir sus sueños, al margen de los contratiempos que sufrieran en la vida, Chad quería tener algo tangible, una prueba física que demostrara que poseía los suficientes arrestos para vencer a la adversidad.

Según Chad, cuanto más dramática, dura y memorable fuera la prueba, mejor. Confiaba en que al recorrer ochocientos veinticinco kilómetros en una *handbike* («No lo llames triciclo», bromeaba), propulsándolo con sus manos y brazos de limitada movilidad, desde Salt Lake City hasta Las Vegas, bajo el calor ardiente del verano, cumpliría esos tres requisitos.

Chad tenía el deseo, el incentivo y el apoyo. A partir de ahora, cuando avanzara pedaleando en la gélida noche, comprobaría si tenía el valor necesario para llevar a cabo su meta. Comprobaría si tenía la pasión necesaria.

Pagar el precio

Chad no descubriría la intensidad de su pasión en el punto de partida. Eso rara vez ocurre: cuando emprendemos una aventura, por ardua que sea, ¿existe algo más fácil que el comienzo?

Cuando Chad partió de la línea de salida esa soleada mañana de julio, todo parecía muy fácil. Cruzó por los semáforos en rojo escoltado por la policía. Docenas de amigos y parientes habían salido a las calles para aclamarlo y ofrecerle palabras de aliento. Sus dos hijitos, Christian y Kyler, le acompañaban montados en sus bicicletas, sonriendo de satisfacción. Gente a la que no conocía aplaudía a su paso, deseándole un feliz viaje. Acudieron los medios de comunicación y las cámaras de televisión filmaron la salida. Chad era la celebridad del día. Esa noche saldría en todos los informativos.

No fue hasta más tarde, cuando los focos de la televisión y la escolta policial hubieron desaparecido, cuando no había nadie en las aceras para aplaudir y animarlo, cuando el trazado de la carretera discurría cuesta arriba, cuando le dolían los brazos, cuando estaba cansado y hambriento, cuando las cosas se pusieron difíciles.

Yo acompañé a Chad montado en bicicleta durante tres días. Nuestra relación había dado paso a una amistad, y le animé con todas mis fuerzas a que alcanzara la ambiciosa meta que se había propuesto.

El precio que pagaría por su sueño se hizo evidente un día especialmente duro, al afrontar una empinada cuesta de doce kilómetros. Hacía un calor agobiante, que irradiaba en oleadas desde el asfalto a más de 35 grados al nivel de la carretera. El cuerpo de Chad estaba situado a unos diez centímetros de la ardiente calzada. Con cada giro de su manivela yo me compadecía de él, por el tremendo reto que se había impuesto. Cada kilómetro que avanzaba le costaba un esfuerzo sobrehumano. El viento le azotaba la cara, la soledad aumentaba con cada curva y los kilómetros que habían discurrido con rapidez el primer día ahora se eternizaban.

Para colmo, una legión de grillos decidió utilizar la misma desierta carretera por la que viajábamos. Al cabo de unos segundos, miles de insectos invadieron la calzada. Los vi saltando a los pies de mi bicicleta. Pero Chad, sentado tan cerca del suelo, lo pasó mucho peor cuando los grillos se arremolinaron sobre él, debajo de sus piernas extendidas y colándose a través de su asiento y su ropa. El desagradable espectáculo y sonido de esos invasores que no cesaban de brincar y chirriar se intensificó al no poder evitar aplastarlos con las ruedas de nuestros vehículos mientras avanzábamos. El repulsivo hedor de esos insectos triturados nos provocó náuseas, al igual que la escena que se produjo a continuación, cuando los grillos comenzaron a devorar los restos de sus compañeros muertos.

En medio de esa espantosa escena, recordé los deseos iniciales de Chad con respecto a su maratón: dramático... duro... memorable. «Ya basta —pensé—. Misión cumplida.»

Cuando parecía que había llegado el momento de dar la vuelta y abandonar ese despropósito, dos coches se detuvieron junto a nosotros. Como en un movimiento sincronizado, se abrieron dos puertas simultáneamente y salieron dos hombres montados en sendos triciclos: uno de ellos tenía las dos piernas amputadas; el otro era un parapléjico dotado de musculosos brazos y hombros. Habían visto la noticia en televisión la víspera y, poniéndose en el lugar de Chad —o, mejor dicho, en su silla—, habían decidido prestarle un poco de ayuda y apoyo. Utilizando sus poderosos brazos, recorrieron la calzada arriba y abajo como soldados de una patrulla de reconocimiento, transmitiendo a Chad datos cruciales sobre el enemigo y el terreno que se extendía frente a él.

Cuando llegó el momento de despedirme de Chad, lo hice a regañadientes. Intuí que empezaba a arrepentirse de su decisión. Esa noche, mientras descansaba en la habitación de un motel lejos de donde había partido y aún más lejos de su meta, me llamó por teléfono para preguntarse en voz alta en qué estaría pensando cuando se le ocurrió esta descabellada idea. Me confesó que era demasiado duro. El grado de dificultad era apabullante. No estaba seguro de poder continuar.

Le respondí como habría hecho cualquier amigo: le animé a no rendirse, a no tirar la toalla; le dije que tenía los arrestos suficientes para llevar a cabo su empeño. A fin de cuentas, ¿no había conseguido vencer a la adversidad durante días, semanas y meses para aprender de nuevo a comer, a cepillarse los dientes, a vestirse y a incorporarse?

Cuando colgué el teléfono experimenté esa sensación de impotencia que todos sentimos cuando comprendemos que las personas a las que queremos tienen que apañárselas por sí mismas. Por más que quisiéramos hacerlo por ellas, son ellas quienes deben decidir si están dispuestas a sufrir por algo que ansían con fervor.

Posteriormente, el maestro de las palabras me enseñó que este proceso se resume en una palabra: *pasión*.

TARDES CON ARTHUR

Era la tarde del jueves, y yo aguardaba impaciente la amena y breve «píldora cultural» que nos ofrecería Arthur. Cada jueves, a las dos en punto de la tarde, un puñado de ancianos colegas de Arthur en Summerfield Manor se dirigen a la sala de estar situada junto a la entrada principal, con sus andadores o en sus sillas de ruedas, y mediante el poder de las palabras, Arthur, el insigne catedrático, les guía en un viaje lingüístico alrededor del mundo. Mientras el puñado de asistentes fijos entran en la sala, el profesor Watkins les entrega a todos unas notas sobre la charla preparadas con meticulosidad, escritas con una letra increíblemente menuda que imagino que sus colegas aquejados de cataratas no consiguen leer.

Arthur se dirige al grupo de seis amigos íntimos como si se dirigiera a una clase de doscientos alumnos, articulando las frases con la dicción clara y precisa de un profesor, pronunciando cada palabra con tono firme y el contagioso entusiasmo del primer día de clase. Al cabo de unos minutos de haber iniciado Arthur su charla, una mujer vestida elegantemente se queda dormida, lo que desencadena un efecto dominó de movimientos involuntarios del cuello, brazos y manos, mientras sus apuntes se desparraman por el suelo. La octogenaria despierta de improviso, sonríe a modo de disculpa y se agacha para recoger los apuntes que se le han caído.

Arthur apenas se fija en la breve distracción, deseoso de compartir la labor de su vida con todos los que han acudido a oír su resonante voz. La charla de hoy se titula «Aumenta tu vocabulario de 800 a 600.000 palabras». Conforme transcurre la lección, Arthur pasa de hacernos aprender palabras a hacernos aprender de ellas.

—Cuando conocemos el auténtico significado de las palabras —dice—, permitimos que ejerzan una profunda influencia sobre nosotros.

Después de la charla nos encaminamos por el pasillo hacia su habitación para lo que Arthur llama nuestro «estudio de palabras».

La palabra que le pido que comentemos hoy es *pasión*.

El maestro de las palabras sonríe y empieza diciendo:

—La palabra *pasión* apareció por primera vez en el siglo XII. Acuñada por unos eruditos cristianos, *pasión* significa 'padecer' o 'sufrir'. En su sentido más puro describe el sufrimiento voluntario de Cristo.

Después de instruirme en la etimología de la palabra, Arthur añade:

—*Pasión* no significa tan sólo 'sufrir', sino que se refiere a un sufrimiento puro y voluntario.

Luego prosigue:

—He asistido a muchos festivales y representaciones dramáticas en Europa que conmemoran el sufrimiento de Cristo, es decir, su pasión.

Arthur me explica entonces que *pasión* y *path,* que en inglés significa 'sendero', tienen unas raíces similares: la palabra *path* es un sufijo que significa 'padecer'.

—Piensa en ello, Kevin —añade Arthur—. Hay médicos llamados *patólogos.* Estudian las enfermedades y dolencias que padecemos los humanos.

Luego me revela un vínculo entre *sufrir,* o *pasión,* y *sacrificio.*

—La palabra *sacrificio* proviene del latín *sacra,* que significa 'sagrado', y *facere,* que significa 'hacer'. Luego *sacrificar* es 'hacer lo sagrado'.

»En esencia —continúa Arthur—, *pasión* significa 'sufrimiento sagrado'.

Lo que Arthur me reveló penetró profundamente en mi alma. Sufrir no es necesariamente algo negativo. Puede y debe ser algo bueno. Noble. Sagrado. Algo que define la vida.

Una cosa es sufrir y ser una víctima, y otra muy distinta es estar dispuesto a sufrir por una causa y convertirte en un vencedor.

Aunque la definición popular de *pasión* es 'un intenso amor romántico', el auténtico significado de la palabra es 'estar dispuesto a sufrir por lo que amas'. Cuando descubrimos la causa por la que estamos dispuestos a pagar un precio, descubrimos la misión y el propósito de nuestra vida.

Estar dispuesto a sufrir

La pasión es lo que condujo a Viktor Frankl al infierno del Holocausto. Como eminente cirujano, psicoterapeuta y autor, vio lo que estaba sucediendo. Estaba claro que los nazis invadirían su amada Viena. Pudo haberse marchado, pero decidió quedarse dado el profundo amor que profesaba a sus padres, quienes no pudieron obtener los visados.

Elly Frankl, la segunda esposa de Viktor, compartió esa historia con un grupo que nos habíamos reunido en las afueras de Viena, en un restaurante que antaño había sido la vivienda de Ludwig van Beethoven. Fue en esa casa donde Beethoven compuso su mayor obra de arte, la *Novena sinfonía*, estando completamente sordo. Las últimas palabras de Beethoven no podían ser más apropiadas: «Oiré en el cielo». Él también había aprendido a dominar su sufrimiento con elegancia.

Elly nos contó que cuando Viktor regresó del consulado americano con su visado en la mano vio un enorme bloque de mármol sobre su mesa. Su padre lo había rescatado de una sinagoga local que había sido destruida por los nazis. Elly recordó que era un pedazo de una lápida que ostentaba el siguiente mandamiento: «Honra a tu padre y a tu madre, para que tengas una larga vida en la tierra».

Viktor guardó su visado en el cajón y no lo utilizó nunca. Estaba dispuesto a permanecer junto a sus padres y sufrir con ellos. Estuvo al lado de su padre en el campo de concentración y pudo administrarle medicamentos que contribuyeron a aliviar sus dolores y sufrimientos hasta que murió en sus brazos.

Cuando la guerra terminó, Viktor conservó dos preciadas obras de arte en su estudio en Viena. La primera era una talla de madera de un hombre con la mano extendida. El título de la escultura: *El hombre que sufre*. La segunda era una pintura de diez ataúdes en Auschwitz. Fue en uno de esos ataúdes donde Viktor halló los restos de su padre. Ambos constituían unos vívidos recordatorios de por qué Viktor fue adonde fue e hizo lo que hizo.

La pasión nos exige el máximo esfuerzo; lo sagrado nos exige el máximo esfuerzo. La voluntad de Viktor de sufrir lo llevó a encontrar su don, a encontrar lo que estaba destinado a hacer, ayudar a otros a hallar un sentido y propósito en la vida.

Viktor nos enseñó: «Nuestro impulso primordial como seres humanos es nuestra búsqueda de un sentido... El hecho de que el hombre acepte su suerte, y todo el sufrimiento que comporta, que tome su cruz, le ofrece abundantes oportunidades, incluso en las circunstancias más adversas, de añadir un sentido más profundo a su vida».

A menudo hallamos ese sentido a través del sufrimiento. Ralph Waldo Emerson dijo: «Todo muro tiene una puerta». La pasión en su sentido más puro, la voluntad de sufrir por lo que amamos, es, a menudo, la puerta que nos conduce a nuestro sendero.

Descubrir la compasión

Cuando yo trabajaba en Franklin, disfrutaba yendo y volviendo de mi despacho en bicicleta, lo cual me llevaba una hora cada día. El aire puro y el ejercicio físico contribuían a despejarme la mente, de forma que en cuanto ponía el pie en mi despacho estaba preparado para crear y ponerme manos a la obra. Pero el trayecto me exigía también un esfuerzo físico, y para mantenerme en forma visitaba de forma regular a un terapeuta masajista llamado Den Brinkley. Den tiene fama de ser un masajista de primer orden. No sólo consiguió eliminar los nudos de tensión que se me formaban en las piernas, sino que, con su forma de conversar, lograba eliminar también los nudos que tenía en mi cabeza.

Un día en que circulaba yo en bicicleta choqué o, para ser más preciso, chocaron conmigo: yo iba a unos 30 kilómetros por hora cuando un conductor adolescente, bajo los efectos de las metanfetaminas y las seis cervezas que se había tomado, me embistió por detrás a casi cien kilómetros por hora. Tras invadir el carril izquierdo para adelantar un camión, había evitado por los pelos chocar con otro vehículo girando bruscamente a la derecha, donde había chocado conmigo. Era una combinación mortal: el chico estaba drogado, borracho y no me había visto. Yo reboté contra el parabrisas del coche y volé por los aires, flotando durante lo que me pareció una eternidad hasta ver los cables del tendido eléctrico al nivel de mis ojos. Cuando aterricé en la calzada quince metros más allá, todo empezó a moverse a una velocidad superior a la luz. Como un pelele de goma, fui dando brincos sobre la calzada hasta detenerme a unos veinte metros de donde se había producido el accidente. Al volverme vi el coche que me había atropellado frenar bruscamente. Miré a los ojos vacíos del joven que iba al volante y él dio media vuelta, arrancó y me dejó por muerto.

Al poco rato llegó una ambulancia que me trasladó al hospital. Me dolía todo el cuerpo. Sufría un traumatismo cervical, unas abrasiones en la piel por haber rodado por la carretera y una grave contusión en la cabeza. Sentía tantas náuseas que no podía incorporarme. Estaba vivo de milagro. Unos buenos amigos trajeron a mi conmocionada esposa a mi cabecera, tras lo cual llegó mi hija mayor, seguida de Den Brinkley, mi masajista.

Den me pareció el tipo más forzudo que conocía, capaz de hacer una docena de flexiones apoyado en un solo brazo. Los fines de semana luchaba con jabalíes y cerdos salvajes con un cuchillo; era el guerrero por excelencia. Si uno tuviera que ir a la guerra, querría llevarse a Den. De hecho, Den había combatido en la guerra de Vietnam, donde formaba parte de una patrulla de reconocimiento en el frente. Era la única persona capaz de sacarme de ese hospital. Comprendía mi sufrimiento. Sabía lo que le ocurría a mi cuerpo y el dolor físico y psicológico que sentía en la cabeza.

Den sabía por experiencia propia lo crítica que era mi situación y lo importante que era para mí recuperarme.

—Kevin —me dijo—, ¿sabes que en cierto momento de mi vida estuve a punto de tirar la toalla y suicidarme?

Me contó que había ocurrido a su regreso de Vietnam. Había sufrido una grave lesión en la espalda mientras trabajaba en la construcción y buscaba otro empleo cuando su esposa le comunicó que no lo necesitaba en su vida, que nadie lo necesitaba en su vida. Después de vaciar la cuenta corriente del banco, ella había cogido el coche y se había marchado, abandonando a Den y a su hijito.

Una tarde, desesperado y deprimido, Den había salido de su apartamento, se había dirigido a la parte trasera del edificio con una pistola del 45 y se había metido el cañón en la boca.

Me lo contó mientras me aplicaba un masaje en todo el cuerpo, tratando de hacerme regresar al mundo de los vivos.

De pronto, diez segundos antes de apretar el gatillo, Den oyó una voz, una voz que le hizo regresar al mundo de los vivos, una voz que dio un sentido a su vida:

—¡Papá! ¿Dónde estás, papá? —gritó su hijo—. Te necesito. No sé dónde estás. ¿Papá? ¿Dónde estás, papá?

—Bajé la pistola y rompí a llorar como un niño porque en esos momentos encontré algo por lo que merecía la pena vivir —dijo Den—. Esa noche, mi hijo me salvó la vida.

Y Den salvó la vida de su hijo.

Esta responsabilidad recíproca de un padre hacia su hijo, y de un hijo hacia su padre, la expresó de forma magistral Viktor Frankl: «Un hombre que es consciente de la responsabilidad que tiene hacia un ser humano que le espera con cariño, o hacia una obra inconclusa, jamás podrá quitarse la vida. Sabe el "porqué" de su existencia, y es capaz de soportar casi cualquier "cómo"».

Mi masajista, Den Brinkley, sabía que yo necesitaba su don. Tras muchas horas de atención personal y sesiones de rehabilitación, después de las cuales me dieron el alta en el hospital, siguió acudiendo a mi casa cada tarde durante varias semanas. Llegaba después de una jornada de ocho o nueve horas de dar masajes y dedicaba otras dos horas a administrarme un masaje y a manipular mi maltrecho cuerpo. Den demostró una auténtica compasión por mí.

Compasión, según he averiguado, combina *com*, o 'con', y *passio*, 'padecer'. *Compasión* es, por lo tanto 'padecer con otro'. Le estaré eternamente agradecido a Den por haber sufrido de forma voluntaria conmigo y por mí.

Sufrir por lo que es más importante

Al tratarse de un vocablo de seis letras que se originó mucho después de que apareciesen la mayoría de diccionarios modernos, pocas palabras contienen más fuerza y profundidad que *pasión*. Esta palabra, además de prescribir lo que debemos hacer a nivel personal para encontrar un propósito y un sentido, es también la que mejor describe las acciones heroicas y desinteresadas que una persona realiza cada día para otra. La lista es muy larga: instructores, maestros, escritores, mentores, entrenadores, terapeutas, psicólogos, enfermeros y enfermeras, consejeros, médicos… Personas todas ellas que enriquecen y ensanchan con pasión y compasión las vidas de otros.

¿Existe un ejemplo más consumado de pasión que una madre abnegada?

¿Has observado alguna vez los ojos de una madre en un aparcamiento atestado de gente cuando pierde momentáneamente de vista a su hijo? Nadie se atrevería a interponerse en el camino de esa pasión. Las madres están dispuestas a sufrir por el hijo, el bebé, el embrión que llevan en el útero. Soportan nueve meses de sufrimiento para dar a luz, y su voluntad de sufrir por sus hijos dura toda la vida.

Vi cómo mi madre se sacrificaba por mi hermano, Rick, y por mí. Vi a mi esposa, Sherry, sufrir para traer al mundo a nuestros seis maravillosos hijos. Y hace poco observé admirado a mi hija mayor, Summer, cuando decidió dar a luz a su tercer hijo. No fue una decisión fácil porque mi hija, cuando está embarazada, sufre constantes náuseas y fuertes migrañas, se marea, ve doble y tiene que permanecer en cama durante buena parte del tiempo. Un día le pregunté:

—¿Por qué estás dispuesta a pasar de nuevo por eso?

Mi hija miró a sus dos preciosas hijas, que estaban en la habitación. Su mirada bastó, no tuvo que decir nada: ése era el motivo por el que estaba dispuesta a volver a sufrir durante nueve largos meses.

Todas las aportaciones valiosas se consiguen mediante la pasión, siempre que uno esté dispuesto a pagar el precio.

Todo es posible si uno está dispuesto a pagar el precio

Uno de los autores más grandes de la historia de obras de autoayuda, y uno de mis favoritos, fue durante un tiempo un alcohólico que estuvo a punto de gastarse sus últimos dólares en una pistola para suicidarse. Pensó que el mundo estaría mejor sin él. Por fortuna para los innumerables millones de personas a las que sus palabras han servido de inspiración, no hizo caso de la fría atracción de una pistola en el escaparate de una casa de empeños y entró en el santuario seguro de una biblioteca pública. Ese cambio fortuito en su destino lo condujo hasta un libro que contenía un mensaje que modificaría su vida para siempre. Las palabras de la primera página decían: «Usted puede conseguir todo cuanto desee que no contradiga las leyes de Dios o el hombre, siempre que esté dispuesto a pagar un precio». En ese mismo instante este hombre comprendió que tenía una tarea que completar.

Desde que era niño había soñado con ser escritor, un escritor capaz de prestar un importante servicio a los demás. Ese pasaje le inspiró en esos momentos a lograr su sueño, y al hacerlo se transformó y pasó de ser un vendedor abatido y sin trabajo llamado

Augustine Mandino, a ser conocido por su apodo de *Og,* un escritor de enorme talento y autor del libro sobre el arte de vender más vendido de todos los tiempos, *El vendedor más grande del mundo.*

Mandino lo resumió así: «¿Cómo puedes sentirte desgraciado o deprimido cuando sabes que en el mundo hay una persona, aunque sólo sea una, que necesita tu don?»

Resistir hasta el final

Cuando Chad alcanzó la cima de Apex Junction a las cuatro de la madrugada, montado en su triciclo, vio a sus pies, a lo lejos, las luces rutilantes de Las Vegas, su destino final. Más tarde me dijo que al igual que nadie podía imaginar la alegría que sintió en ese momento, nadie podía imaginar el cansancio y la desesperación que había padecido durante las horas y los días que precedieron al ascenso a esa última colina. Me confesó que hubo momentos en que se sentía demasiado agotado incluso para llorar. Le había costado un esfuerzo sobrehumano. Chad había aprendido a qué se refería Viktor Frankl al decir: «Lo que da luz tiene que soportar quemarse».

Chad había soportado que se le quemara el cuello cuando una gigantesca bala de heno había caído sobre él; había soportado el ardiente temor que había hecho presa en él en los momentos trágicos en que, al salir del quirófano, había averiguado que no volvería a caminar; había soportado el angustioso pensamiento de que quizá no pudiera mantener a su familia; se había enfrentado al temor de que quizás incluso perdiera a su esposa y a sus hijos. Luego, durante dieciocho largos meses, se había sometido a un incesante y riguroso programa para rehabilitar lo que quedaba de su cuerpo.

Y ahora, en virtud de una combinación de infierno y paraíso que él mismo había creado, había soportado los largos, lentos y trascendentes kilómetros que prácticamente nadie más ve o experimenta. Es a la mitad de un viaje cuando las cosas se complican, al igual que ocurre a la mitad del camino que emprendemos para alcanzar nuestros mayores sueños y aspiraciones.

Ahí es donde entra la auténtica pasión.

En nuestra lápida sepulcral hay grabadas dos fechas: el día que nacemos y el día que morimos. Pero lo que simboliza nuestra vida es el espacio entre ambas. ¿Qué ocurre entremedias? ¿Qué ocurre entre los momentos traumáticos? ¿Entre los momentos eufóricos?

Durante esos kilómetros centrales, cuando la temperatura del asfalto superó los 45 grados y Chad se sentía tan débil que tuvieron que pegarle las manos con cinta adhesiva a sus pedales y avanzaba a menos de tres kilómetros por hora, dejó de contar las horas y empezó a contar los indicadores kilométricos. Cuando la situación empeoró, su padre intervino y le dijo:

—Hijo, en lugar de contar los indicadores kilométricos verdes, ¿por qué no cuentas las rayas amarillas que hay en el centro de la carretera? Pasan a gran velocidad. Quizás eso te ayude.

Chad estaba demasiado aturdido para protestar, de modo que recordó algo que ya sabía: que reduciendo ese propósito a unos pasos más y más pequeños, de día en día, de kilómetro en kilómetro, de hora en hora, incluso de línea amarilla en línea amarilla, uno consigue alcanzar su destino final.

Al igual que al principio del viaje, al final del mismo las cosas se hicieron más fáciles. Apareció de nuevo una escolta policial; los familiares y amigos que lo había aclamado en el punto de partida de Salt Lake City habían volado a Las Vegas para aclamarlo cuando llegara a la meta; los medios de comunicación estaban de nuevo presentes, los focos encendidos y las cámaras de televisión filmando el acontecimiento. Personas que él no conocía de nada se detenían para aplaudirle. Todos los semáforos de los cruces del Strip de Las Vegas fueron desconectados mientras agentes de la patrulla de tráfico de Nevada escoltaban a Chad hasta la línea de meta, frente al hotel Mirage. Al verlo pasar, las personas que salían de los casinos aplaudieron al hombre montado en un triciclo que había pedaleado a lo largo de ochocientos veinticinco kilómetros. En esta ocasión no había grillos.

Pese a lo agotado que estaba al término de su odisea, Chad no perdió de vista sus objetivos. Al enterarse de su proeza, los directivos de una organización llamaron para preguntarle si estaría dispuesto a dar una charla al cabo de tres días en Louisiana. Chad no pidió tiempo para recuperarse. Comenzó de inmediato a preparar su discurso, tomó un avión y después de un tiempo en que apenas le pagaban el costo de la gasolina para desplazarse a hablar ante diversos grupos, empezó a percibir cuantiosos honorarios.

Desde entonces Chad se ha convertido en un orador muy solicitado. Entre sus clientes se cuentan algunas de las empresas y organizaciones más importantes del mundo. A los treinta y dos años, se convirtió en una de las personas más jóvenes en obtener la designación de orador profesional, una distinción que la Asociación Nacional de Oradores concede a unos pocos elegidos. El *Wall Street Journal* lo calificó como «una de las diez personas más inspiradoras del mundo». En la actualidad Chad genera ingresos de siete cifras. Pero su mayor logro es seguir siendo un marido ejemplar para su entregada esposa, Shondell, y padre orgulloso de sus tres hijos, Christian, Kyler y Gracee, una niña que adoptaron hace poco.

En lugar de dejar que las influencias externas determinaran la temperatura y orientación de su vida, Chad eligió ser él mismo quien controlara los mandos de su vida y trazarse el mapa de su destino. Transformó su tragedia en un triunfo.

En la línea de meta, su madre se acercó a mí y a mi hija Starr, que había acudido también para darle ánimos, y con lágrimas en los ojos resumió lo que todos pensábamos:

—Me siento muy orgullosa de Chad —dijo—. Acaba de conseguir lo imposible.

➤ PENSAMIENTOS QUE ANOTO EN MI CUADERNO SOBRE
Pasión

Muchas personas inician nuevos proyectos. ¿A quién no le gusta emprender nuevos y excitantes proyectos? Comenzar es la parte más fácil. Lo más difícil es concluir lo que se inicia. El hecho de concluir es lo que separa a quienes tienen pasión de quienes carecen de ella.

¿Qué empresas importantes he dejado sin concluir porque no estaba dispuesto a sufrir y sacrificarme por lo que más anhelaba?

¿Qué objetivo inconcluso ha hecho que me sienta insatisfecho e incompleto?

Todo el mundo tiene unas tareas, unos sueños y unos objetivos que cuando los concluyen, cuando los completan, cuando consiguen llevarlos a cabo, mejoran de forma drástica su calidad de vida. No hay nada más nefasto para la integridad personal que una tarea a medio hacer.

Las personas con pasión terminan lo que empiezan; las que carecen de ella, no. Cuando digo «lo intentaré», estoy creando una excusa. Si empiezo algo y no lo termino, siempre puedo decir «lo intenté», pero si digo «lo haré», me comprometo a terminarlo cueste lo que cueste.

Misión significa 'ser enviado'. Me esmeraré en hacer aquello que debía hacer y me enviaron a hacer. No existe nada que haga que uno se sienta más realizado que tener un sueño, un objetivo, una aspiración —por difícil que sea— y completarlo.

Luego podré seguir avanzando por mi sendero y decir, al igual que quien definió la pasión perfecta: «Todo está cumplido».

IDENTIFICA Y HONRA A UN PRACTICANTE DE
Pasión

ELIGE a alguien a quien conozcas cuya conducta refleje mejor los principios de la pasión.

ESCRIBE el nombre de esa persona en el recuadro inferior.

TIENDE la mano a esa persona, explícale el significado de *pasión* y por qué personifica esta palabra.

5

Sapere vedere

El ojo es la ventana del alma.

Leonardo da Vinci

El cielo estaba encapotado cuando el avión despegó en Miami, y entablé una conversación con el pasajero sentado a mi lado, un caballero llamado Sita Patel, procedente de la India. Comentábamos lo nublado que estaba el día cuando, de pronto, el reactor que ascendía atravesó las nubes y contemplamos un sol tan brillante que tuvimos que bajar la persiana de la ventanilla para protegernos del resplandor.

El repentino cambio propició que mi compañero de asiento recordara algo. Se volvió hacia mí y me dijo:

—De niño, en Bombay, recuerdo haber regresado a casa un día nuboso, y mi madre me preguntó: «¿Cómo te ha ido hoy?» «No ha sido un buen día —respondí—. Estaba muy oscuro. No ha salido el sol». Recuerdo que mi madre me dijo: «Pues claro que ha salido. El sol sale siempre. Aunque tú no lo veas. Hijo mío, debes aprender a ver más allá de las nubes».

Ver un mundo nuevo

Suele decirse que «cuando miramos las cosas de forma distinta, las cosas que vemos cambian». Quizá nadie haya personificado esto mejor en la historia que Leonardo da Vinci, el gran artista italiano, inventor, científico y diseñador que previó el futuro anticipándose cientos de años a su tiempo. Su novedosa forma de ver las cosas abriría un mundo nuevo de exploración del aire y el mar, mientras que por la misma época, Cristóbal Colón, compatriota suyo, abría otro nuevo mundo con su descubrimiento de América.

Además de ser el brillante artista que pintó la *Mona Lisa*, *La Última Cena* e innumerables obras de arte imperecederas, Leonardo era asimismo un maestro innovador. Con su mirada perspicaz observaba cuanto lo rodeaba desde ángulos insólitos. Estudió el genio y la simple economía de la naturaleza: la forma en que vuelan las aves, el fluir de las corrientes, la forma humana y su simetría... Prácticamente nada escapaba a su singular mirada. En su estudio dejó su colección de códices, notas y dibujos detallados de inventos que siglos después se convertirían en la bicicleta, el planeador, el avión, el helicóptero, el tanque, el robot, el giroscopio, el chaleco salvavidas, el barco de doble casco, el paracaídas y la grúa. Previó maravillas de ingeniería e industria que el mundo no empezaría a apreciar o desarrollar hasta mucho después de su muerte. Es difícil comprender, pasados más de quinientos años, el alcance de lo que imaginó este extraordinario hombre del Renacimiento.

Cuando le preguntaban el secreto de su genio, Leonardo solía responder con la frase que había concebido y adoptado como lema personal: *Sapere vedere*.

La frase combina la palabra latina *sapere*, que significa 'saber', con *vedere*, que significa 'ver'.

Sapere vedere significa 'saber ver'. Convierte el dicho «ver para creer» en «creer es ver».

Las personas con *sapere vedere* miran hacia delante y hacia dentro, son capaces de creer y ver lo que otros no pueden. Leonardo comprendió que en primer lugar vemos con nuestro cerebro, luego con nuestro corazón y por último con nuestros ojos. Comprendió que saber ver es imprescindible para llevar una vida provechosa porque nos permite centrarnos en *lo que deseamos* ver que ocurra en lugar de centrarnos en *lo que no deseamos* ver que ocurra. Las personas que carecen de *sapere vedere* dicen: «Cruzaré ese puente cuando llegue a él»;

las personas con *sapere vedere* dicen: «Veré ese puente antes de cruzarlo».

Sapere vedere es tridimensional, una combinación de retrospección, previsión e introspección.

Retrospección es 'mirar hacia atrás', ver dónde hemos estado. *Previsión* es 'mirar hacia delante', es decir, lo que tenemos ante nosotros. *Introspección* es 'mirar en nuestro interior' para ver con los ojos de nuestra imaginación y sentir con el pulso de nuestro corazón.

Como escribe Myles Munroe en su libro *The Principles and Power of Vision*: «La vista es una función de los ojos, la visión es una función del corazón… La visión nos libera de las limitaciones de lo que ven los ojos y nos permite penetrar en la libertad de lo que siente el corazón. No permitas nunca que tus ojos determinen lo que siente tu corazón».

Las personas sin visión suelen obsesionarse con el pasado. Consideran lo que ha ocurrido como un amarradero en lugar de un poste indicador. Al dejar que su tendencia a mirar hacia atrás sea lo único que les dicte lo que deben hacer, su sendero se repite invariablemente. Un rasgo característico de las personas con *sapere vedere* es que ven no sólo el pasado y el presente sino también el futuro. Al centrarnos en lo que hay en nuestro corazón y nuestra mente, y al mirar hacia delante, la visión nos induce a progresar.

TARDES CON ARTHUR

Observé que Arthur caminaba con paso más ágil que de costumbre el día en que nuestro estudio de palabras se centraría en las voces *visión* y *sapere vedere*. Esas palabras hicieron que aflorara el niño que llevaba dentro. Estaba tan impaciente por hablarme de ellas que casi dejó su andador atrás al conducirme apresuradamente hacia la sala de estar de la residencia de la tercera edad.

Cuando llegamos a nuestro destino y nos sentamos en nuestras butacas junto al fuego, Arthur me preguntó en un tono entre afirmativo e interrogante:

—¿Sabías que *visión* y *wisdom,* que en inglés significa 'sabiduría', son palabras relacionadas con la vista?

Me explicó que ambas tienen raíces germánicas. *Wisdom* proviene de *wissen,* que significa 'sé lo que he visto'. *Visión* proviene de *vissen,* que significa 'sé lo que veo'.

—Por consiguiente, *wisdom* o sabiduría —prosiguió Arthur— es saber lo que hemos visto. *Visión* es saber lo que vemos. Y *sapere vedere* es saber ver.

Arthur señaló la chimenea que había junto a nosotros. Me dijo que la palabra original de chimenea era *hogar.* La palabra *hogar* proviene del latín *focus,* que originalmente significaba 'fuego, brasero u hogar'. Antaño todo lo importante ocurría alrededor del hogar. El calor de la casa provenía del hogar; la comida con que la gente se alimentaba era preparada en el hogar; las conversaciones importantes se entablaban en torno al hogar. El hogar era el punto focal, el centro o corazón de la casa.

Arthur citó entonces los Proverbios: «Cuando no hay visión profética, el pueblo queda sin freno». Con visión las personas miran hacia delante con confianza. *Confianza* proviene del latín *confidentia,* que significa 'esperanza firme', 'confianza en uno mismo'. Una visión clara nos permite avanzar con confianza en nosotros mismos.

Mientras Arthur seguía enseñándome el significado de las palabras, observé el regocijo en sus ojos y la alegría que experimentaba al adentrarse y abstraerse en los secretos del lenguaje. Era la viva imagen de la felicidad. Tenía el cuerpo encorvado y había dejado atrás su juventud, pero comprendí que con su sabiduría y su visión, podía trasladarse en su imaginación a lugares que muy pocos podían llegar a comprender. Pese a estar confinado en una residencia de la tercera edad, era más libre que ninguna otra persona que yo conociese.

Pensé en un estudio que me habían mostrado hacía poco, según el cual era peligroso que las personas se jubilaran sin una visión de futuro. Si su visión consiste en «algún día» —algún día me compraré un coche, algún día me compraré una casa, algún día sacaré a los chicos de casa, algún día me compraré un reloj de oro—, si viven para verlo, lo consiguen y se jubilan, suelen morir al cabo de pocos años. La apatía hace mella en ellos porque no tienen un sendero de futuro que seguir. (La apatía, como me había enseñado Arthur, es no tener un sendero. Los objetivos, los sueños y las aspiraciones se evaporan. En su sentido etimológico, *apatía* significa 'sin sentir ni padecer'. Es la antítesis de pasión y visión.)

Estaba sentado ante un hombre con una profunda visión. Aunque yo gozaba de buena salud, buen oído, una vista excelente y la vida me ofrecería aún infinidad de oportunidades, lo cierto era que envidiaba a Arthur.

No hay límites

Hacía poco que yo había emprendido el maratón de Boston en Hopkington (Massachusetts), cuando observé a un corredor frente a mí que parecía mayor que yo, abriéndose paso con gran habilidad por la pista atestada de corredores. Era el centésimo aniversario del venerable maratón, y la ruta estaba abarrotada con más de cuarenta mil corredores, incluyendo tanto a los inscritos como a los que se habían incorporado extraoficialmente. Aunque los organizadores, en un intento por controlar a la multitud, habían dado la salida por grupos, en oleadas, según los tiempos de clasificación, incorporarse a la carrera era como abrirse paso por el andén del metro de Nueva York para tratar de subir a un tren.

Yo me había fijado en el hombre que estaba situado delante de mí mientras aguardábamos a que dieran la salida. Era delgado y parecía estar en buena forma, y antes de emprender el maratón de 40 kilómetros hizo unos ejercicios de calentamientos, al igual que todos los corredores. Pero había algo en él que le distinguía de los demás, aunque yo no lograba saber qué era. De pronto dieron la salida a nuestro grupo y traté de seguirle a través de la multitud de corredores. El hombre corría con agilidad, sin el menor esfuerzo, casi como si no hubiera nadie más presente, y no tardó en colocarse a la cabeza del grupo.

Entonces reparé en el corredor que iba a su lado: los dos se movían en tándem: cuando uno se inclinaba hacia la izquierda, el otro se inclinaba hacia la izquierda; cuando uno se movía hacia la derecha, el otro se movía hacia la derecha. Aceleré el paso para observarlos más de cerca, y de pronto lo comprendí: el hombre al que había visto hacer ejercicios de calentamiento antes de la carrera era ciego y el corredor que iba a su lado era su guía que le dirigía tocándole levemente con los dedos en el codo. ¡Ambos parecían volar! Al cabo de un par de minutos, los perdí de vista.

Más tarde averigüé quién era ese hombre. Cuando relaté a un vecino mi experiencia al observar al corredor ciego al inicio del maratón, mi vecino dijo:

—Debe de ser Harry Cordellos, probablemente el mejor atleta ciego del mundo. Yo le he hecho de guía de esquí. Deberías leer su libro titulado *No limits* ('No hay límites').

Encontré el libro y lo leí; mejor aún, tuve el placer de conocer a Harry en persona cuando lo invité a pasar unos días en nuestra casa y dar una charla en un retiro en las Montañas Rocosas. Harry era increíble. De pronto, mientras caminaba por el bosque, aspiraba profundamente y decía:

—Humm, esos de ahí ¿no son pinos de Murray? ¿Miden tanto de altura? ¿Y tanto de circunferencia? —y la mayoría de las veces tenía razón.

Harry era una persona con una discapacidad visual, pero como indica el título de su libro, no se imponía limitación alguna. En cierta ocasión había cubierto los 60 kilómetros desde Dana Point, en California, hasta la isla de Santa Catalina haciendo esquí acuático por el agitado océano Pacífico. Una persona que no estuviera ciega probablemente habría visto todos los obstáculos. Pero Harry se había deslizado sobre el agua sin mayores dificultades, como había hecho en el maratón de Boston, dejándose guiar hacia su destino final por su visión interior. Sabía cuál era su propósito, y eso era lo importante.

Tu sendero y propósito

El propósito es el ingrediente esencial para *sapere vedere*. Cuando averiguamos nuestro propósito, nos convertimos en descubridores del sendero. Saber lo que queremos hacer nos dicta hacia dónde debemos ir y en qué debemos concentrarnos. Nuestro sendero es la «forma» en que viajamos; nuestra visión es «adónde» viajamos; nuestro propósito es «por qué» viajamos.

Leonardo da Vinci dijo: «Que tu obra esté en consonancia con tu propósito».

A menudo decimos: «Has hecho eso a propósito» y ello significa hacer lo que nos proponemos hacer. La palabra *propósito* viene del latín *proponere*, que significa 'poner delante'. Proponernos algo es 'poner delante lo que deseamos que ocurra en nuestra vida'. Cuando alineamos nuestra vida con lo que nos hemos propuesto, respondemos al mandato irresistible de vivir «con un propósito». Todos hemos sido creados para un propósito y con un propósito, al igual que todo en la naturaleza ha sido creado para y con un propósito.

Como dijo Viktor Frankl: «Toda persona tiene una vocación o misión específica en la vida, toda persona debe realizar una determinada tarea que hay que llevar a cabo. En ese sentido, no puede ser sustituida ni puede repetir su vida».

Es imprescindible comprender nuestra singular vocación, a la par que apreciarla. Los dos días más importantes de nuestra vida son el día en que nacemos y el día en que descubrimos para qué hemos nacido. Ése es el día en que tenemos la visión de quiénes estamos destinados a ser.

Visualizar el sentimiento

Peter Vidmar, que ganó dos medallas de oro como gimnasta en los Juegos Olímpicos, compartió conmigo su experiencia personal que ilustra este argumento. Peter empezó a prepararse para los Juegos Olímpicos a los doce años y no compitió en ellos hasta que cumplió los veintitrés, es decir, once años más tarde. Fue un largo período de preparación, una sucesión interminable de horas en el gimnasio repitiendo los mismos ejercicios una y otra vez. El único método para mantenerse concentrado durante tanto tiempo era visualizar constantemente el resultado final que ambicionaba y conectar con su emoción interior.

—Yo había tenido una visión de lo que quería ser: campeón olímpico —me dijo Peter—. No puedo minimizar la importancia de ese propósito, y eso fue lo que hizo que perseverara.

Pero el hecho de visualizarse llevando a cabo sus ejercicios a la perfección y subiendo al podio para que lo galardonaran colgándole una medalla de oro del cuello no era lo único importante.

—La cuestión no era «¿qué aspecto tendré?» —dijo—, sino «¿cómo me sentiré?» Ésa es una motivación mucho más fuerte.

Cada día, al término de una agotadora sesión de seis horas de entrenamiento, después de que sus colegas se hubieran marchado, Peter y su compañero de equipo, Tim Daggett, se quedaban en el gimnasio para visualizarse en las finales de los Juegos Olímpicos conceptualizando con exactitud lo que debían hacer durante sus ejercicios. Cuando por fin llegaron los Juegos Olímpicos, esos dos deportistas fueron los últimos que compitieron en representación de los Estados Unidos en una reñida batalla con el equipo de la República Popular China. Vidmar y Daggett realizaron sus ejercicios casi a la perfección

—los ejercicios que habían visualizado y sentido en sus mentes y corazones durante años—, y los Estados Unidos consiguieron la medalla de oro.

Poco después de que finalizaran los Juegos Olímpicos, lo organicé todo para que Peter diera una charla ante nuestro equipo de ventas en Franklin sobre sus experiencias durante los Juegos y el importante papel que la visualización había desempeñado en su triunfo. Desde entonces le he consultado en numerosas ocasiones, cuado he necesitado ayuda a la hora de visualizar objetivos y sueños. Su capacidad no sólo de ver con su mente y sus ojos, sino de sentirlo profundamente en su corazón, es inestimable.

Ver para ser

Se dice que la visión es lo que vemos cuando cerramos los ojos. Tenemos que «ver» antes de «ser».

«Soñad sueños sublimes —escribió James Allen—, y os convertiréis en vuestros sueños. Vuestra visión es la promesa de lo que seréis algún día.»

Hace poco, mi amigo y colega de negocios Richard Paul Evans, autor de libros que han aparecido en las listas de superventas del *New York Times*, me llevó a almorzar y compartió conmigo una fascinante historia sobre el inmenso poder de la visión. Recordó sus primeros días como escritor, cuando su esposa Keri, sus dos hijos y él vivían en una pequeña vivienda de sesenta y cinco metros cuadrados. Richard acababa de completar su primera novela, *La caja de Navidad*, que empezaba a venderse como rosquillas gracias al boca-oreja. Viendo un potencial que pocos autores de una primera novela habrían tenido la temeridad de imaginar, se propuso que su libro ocupara el primer puesto en las listas de éxitos. Después de imponerse ese ambicioso objetivo, Richard adquirió cinco pulseras de oro para él y sus fans, que compartían la aspiración de que su libro se convirtiera en el más vendido del país. Los portadores de esas pulseras juraron no quitárselas hasta haber alcanzado ese objetivo.

Richard me habló de la euforia que sintió al colocarse la pulsera en la muñeca, un recordatorio constante y tangible de la visión que tenía con respecto a su libro. Era una conexión emocional con su objetivo. Cada vez que estrechaba la mano de alguien, escribía o cogía el teléfono, conectaba de nuevo con el propósito que se había fijado.

Me explicó lleno de gozo la increíble sensación y el «subidón» emocional que había experimentado meses más tarde cuando apareció en la revista *People* un artículo nombrándole el autor del libro más vendido de los Estados Unidos. Cuando lo fotografiaron para el artículo, Richard extendió la mano y se colocó la pulsera de oro de forma que se viera en su muñeca para que así los otros cuatro portadores comprobaran que la visión que habían compartido se había hecho realidad. Ese mismo escenario se repitió cuando Richard apareció en *Today*, el programa televisivo presentado por Katie Couric. Miró a la cámara y alzó la mano junto a su rostro, mostrando de nuevo su muñeca, afirmando simbólicamente que los sueños se cumplen si uno los siente y los ve con la suficiente claridad.

Después de quince millones de libros vendidos y catorce superventas consecutivos en las listas del *New York Times*, Richard Paul Evans sigue creyendo con firmeza que el hecho de crear una visión te impulsa hacia delante. Desde entonces ha fundado una organización internacional, la Christmas Box House International, dedicada a prevenir los abusos contra menores y proteger a los niños maltratados y abandonados. Sigue manifestando los sueños que alberga en su corazón y su imaginación.

Nosotros determinamos nuestra visión. Nosotros decidimos lo que queremos, lo que soñamos y lo que nos proponemos. Gandhi vio una India libre. No importaba que nadie más la viera, bastaba con que la viera él. Somos libres de elegir nuestros sueños. No hay límites. La prosperidad personal, la excelencia profesional, la perfección atlética, la felicidad familiar, el enriquecer nuestras relaciones, la paz y tranquilidad, la salud y el bienestar, el servicio desinteresado, el dejar un legado: si podemos visualizarlo, podemos conseguirlo.

Un tablero de visiones

John Assaraf, amigo estimado, extraordinario emprendedor y uno de los maestros del libro *El Secreto*, un superventas que ha tenido un éxito arrollador, es un auténtico genio a la hora de utilizar la visión para crear la vida de sus sueños. Hace unos años fui a visitarlo en su casa en San Diego, y me invitó a su despacho situado sobre el garaje, que daba a la piscina y a la casa de invitados. Me mostró una tabla de visiones que colgaba en la pared sobre su mesa. En ella había unas ilustraciones que había recortado de cosas que deseaba tener y hacer. Me comentó la importancia de varias imágenes, lo cual condujo a una conversación sobre el poder de la mente humana y nuestra tendencia natural a buscar objetivos.

Regresamos a la casa principal y mientras observábamos cómo jugaban sus dos hijos, Noah y Keenan, John se volvió hacia mí y me preguntó si me había contado alguna vez las circunstancias que le habían llevado a vivir en esta casa. Respondí que no y John compartió conmigo una de las historias de visualización más asombrosas que he oído jamás. Me explicó que su familia se había mudado en varias ocasiones y que algunas de sus pertenencias habían permanecido años almacenados hasta que por fin se habían instalado en esta nueva y magnífica casa. Describió que poco después de mudarse a ella, Keenan y él habían abierto una caja etiquetada «tablero de visiones.» En ella había una fotografía de la casa en la que se encontraban ahora. No era la foto de una casa parecida a su nuevo hogar, sino exactamente esa casa. John me dijo que había recortado la fotografía de una revista de viviendas de lujo hacía cinco años, cuando vivían en Indiana, y la había pegado en su tablero de visiones. En aquella época no sabía dónde estaba situada la casa que había soñado ni cuánto costaba. El tablero de visiones había permanecido guardado en una caja durante años, pero John había adquirido la casa que había visualizado y ahora vivía en ella. Años después de haberme contado esta historia, John la compartiría para ilustrar el principio de la ley de atracción en *El Secreto*, y más tarde, en otro libro del que era coautor titulado *The Answer* ('La respuesta') mostraba los pasos decisivos que hay que dar para lograr que se cumplan los sueños de uno.

Ver más allá de la adversidad

La visualización constituye la clave más importante para un futuro de éxito. La mejor forma de predecir el futuro es verlo y luego crearlo. El escultor Miguel Ángel, compatriota de Da Vinci, dijo: «En cada bloque de mármol veo una estatua con tanta claridad como si estuviera ante mí, formada y perfecta en cuanto a actitud y acción. Sólo tengo que eliminar con el cincel las toscas paredes que aprisionan a la hermosa aparición para revelarla a otros ojos tal como la ven los míos».

A veces el mármol que cincelamos cuando afrontamos obstáculos y retos en nuestras vidas individuales es maleable; otras, duro. Pero, por difícil que sea, el hecho de ver lo que hay ante nosotros libera nuestra capacidad de perseverar y triunfar.

Un extraordinario ejemplo de esto es la vida de un escultor contemporáneo, Gary Lee Price. Debido a sus singulares dones y habilidades, le encargaron que esculpiera la Estatua de la Responsabilidad que había visualizado Viktor Frankl, un monumento que algún día complementará a la Estatua de la Libertad. El prototipo de la escultura que Gary ha creado muestra dos manos enlazadas con firmeza, una extendida hacia abajo y la otra hacia arriba, que juntas simbolizan la responsabilidad que compartimos unos con otros.

Mientras estábamos en Austria para enseñar el modelo a escala de la estatua a la familia del doctor Frankl, este gran artista nos relató su viaje personal a través de la adversidad.

El hecho de encontrarse en Europa, dijo, le había hecho evocar unos profundos recuerdos personales que, a pesar de ser extremadamente dolorosos, eran a la vez gratamente reconfortantes, pues demostraban que todos los grandes logros arrancan con unos sueños.

Gary tenía seis años cuando vivía con su madre y su padrastro en una vivienda en una base militar estadounidense en Alemania, donde su padrastro estaba destinado. Recordaba que su madre había sido la primera en percatarse de sus dotes para el dibujo y desde niño lo había animado a desarrollar su talento.

—Me tomaba de la mano y me enseñaba a hacer garabatos con lápices y tizas de colores —dijo Gary—. Me decía con frecuencia que yo tenía un don. Me elogiaba y aseguraba que llegaría a crear grandes obras de arte.

Una noche, pocas horas después de haberse acostado, Gary se despertó al oír voces y gritos. Pese a los años transcurridos, refirió con amargo detalle que entró corriendo en la habitación en el preciso instante en que su padrastro apuntaba a su madre con una pistola y apretaba el gatillo. Gary vio a su madre cerrar sus relucientes ojos aterrorizada y la vio morir, tras lo cual contempló horrorizado como su padrastro se pegaba un tiro. Gary confesó que tardó años en superar esa traumática experiencia. Pero con el tiempo y la madurez, comprendió que la parte más perdurable de la memoria de su madre no era su trágica muerte, sino la visión que había albergado con respecto a él: el don que tenía de convertirse en un gran artista, y que nunca, bajo ninguna circunstancia, debía dejar de perseguir.

Al averiguar los pormenores de la vida de Viktor Frankl, un hombre que se había negado a dejarse vencer por la humillación de la brutalidad nazi, Gary acabó convenciéndose de la importancia de aceptar la vida con todas sus circunstancias y hallar un sentido debido, precisamente, a esas circunstancias, y no pese a ellas.

—Yo no cambiaría mi vida —dijo—. Al igual que Viktor, soy un optimista. No cambiaría ni eliminaría una sola cosa de mi vida durante esos años de tragedia y sufrimiento. ¿Por qué? Porque me gusta la persona en la que me he convertido y las bendiciones de las que disfruto día a día. Todo dolor o sufrimiento pasado ha contribuido a moldearme y convertirme en una persona capaz de promover el bien en el mundo. Gracias a mi sensibilidad como artista, puedo crear una escultura que anime e inspire a otros.

Gary consiguió hacer realidad la visión que su madre tenía con respecto a él, y hoy en día sus obras se exhiben en algunos de los lugares más importantes y las galerías más prestigiosas del mundo.

Gary ha demostrado poseer auténtica resiliencia en su vida. *Resiliencia* deriva del latín *resilire*. *Re* significa 'volver a', y *salire* significa 'saltar', 'botar'. Cuando somos resilientes, volvemos a saltar, rebotamos, después de haber caído. Si somos incapaces de rebotar después de sufrir una desgracia o un contratiempo, nunca lograremos visualizar nuestro auténtico potencial.

Aprovechar la adversidad

A todos nos suceden cosas negativas en un momento dado de nuestra vida. Cualquiera que posea unos sentidos, que respire, toque, sienta, huela y tenga gusto ha tenido que soportar una prueba difícil, dura, tan terrible que casi parece capaz de acabar con su vida. Mientras avancemos por nuestro sendero tratando de llevar a cabo nuestro propósito, nos enfrentaremos de modo inevitable a unos infortunios que nos derribarán.

En su obra pionera sobre la adversidad y la resiliencia, *Adversity Quotient: Turning Obstacles into Opportunities* ('El cociente de adversidad: cómo convertir los obstáculos en oportunidades'), el doctor Paul Stoltz sugiere que cuando nos topemos con la adversidad podemos hacer dos cosas: ver nuestra vida como si estuviésemos metidos en un hoyo, como si nos hubiesen movido la silla y hubiésemos caído en un agujero profundo del que no podemos salir; o bien mantener una visión clara sobre aquello en que consiste la vida, saber cuál es nuestro propósito y aprovechar esa adversidad para que nos propulse a un nivel más alto.

Si vemos el cuadro con todo detalle y claridad, si no nos limitamos a ver a través de nuestros ojos, sino que sentimos con el corazón y la razón en nuestra mente, entonces podemos y logramos superarlo todo.

Vivir la vida *in crescendo*

Como ocurre con todo lo que vale la pena, contemplar la vida a través de la lente transparente de *sapere vedere* requiere constancia y aplicación.

El doctor Stephen R. Covey, un magnífico mentor, compartió recientemente conmigo su lema personal que le ayuda a mantener una visión clara.

El lema es: «Vive la vida *in crescendo*».

Le pregunté qué significaba y me lo explicó:

—Vivir la vida *in crescendo* es mirar constantemente hacia delante. Significa que tu obra y tu mayor aportación siempre están por llegar. La filosofía hace hincapié en la aportación. Si un logro tiene un principio y un fin, la aportación es constante y duradera.

»Si uno se centra en la aportación en lugar del logro —concluyó Stephen —, conseguirá más de lo que jamás pudo imaginar.

Es interesante destacar que *crescendo* deriva de *crescere*, una palabra que se originó en el siglo XVIII que significa 'aumentar' o 'crecer' en italiano.

Leonardo se sentiría orgulloso.

➤ PENSAMIENTOS QUE ANOTO EN MI CUADERNO SOBRE
Sapere vedere

Hace un día despejado en Dana Point, y a lo lejos veo la isla Santa Catalina.

Esto me recuerda la historia de una mujer extraordinaria, llamada Florence Chadwick, que el 4 de julio de 1952 se sumergió en las aguas frente a la isla Santa Catalina con el propósito de ser la primera mujer en alcanzar la costa californiana a nado desde la isla. Quince horas después de iniciar su travesía, se formó una espesa niebla y Florence empezó a dudar de su capacidad para proseguir. Animada por las palabras de aliento de su madre y su entrenador, que navegaban en un bote de apoyo junto a ella, continuó durante casi una hora antes de sucumbir a la fatiga y el agotamiento. Poco después de que sacaran a Florence del agua la niebla se despejó, revelando que la costa se hallaba a menos de un kilómetro de distancia.

Horas más tarde Florence se lamentó a un reportero:
—De haber podido divisar tierra, sé que lo habría conseguido.

Florence lo intentó al cabo de dos meses, esta vez con una imagen clara de la costa grabada en su corazón y su mente. Pese a que también se formó una espesa niebla, se convirtió en la primera mujer en atravesar a nado el canal de Santa Catalina, rebajando el récord masculino en dos horas.

Yo no querría embarcarme en un viaje a menos que viera el trayecto hasta el fin con toda claridad.

La claridad nos da fuerzas. Henry Thoreau decía: «Seguid confiados la dirección de vuestros sueños».

Crear una imagen clara de un resultado final nos da fuerzas para alcanzarlo. Cuando lo haya visto, me convertiré en ello, lo haré y, con el tiempo, lo habré conseguido.

Como nos enseñó Aristóteles: «El alma nunca piensa sin una imagen». Si yo muestro al universo que sé ver, el universo se encargará de que mis sueños se cumplan.

IDENTIFICA Y HONRA A UN PRACTICANTE DE
Sapere vedere

ELIGE a alguien a quien conozcas cuya conducta refleje mejor *sapere vedere*.

ESCRIBE el nombre de esa persona en el recuadro inferior.

TIENDE la mano a esa persona, explícale el significado de *sapere vedere* y por qué él personifica estas palabras.

6

Humildad

*Para que una lámpara siga ardiendo
debemos echarle aceite continuamente.*

MADRE TERESA

La palabra *humildad* es una de las peor comprendidas y utilizadas en todos los idiomas. *Humildad* no significa ser pasivo o sumiso, ni distinguirse por encorvar la espalda, agachar la cabeza y fijar la vista en el suelo en actitud servil. Significa mostrarse dispuesto a dejar que te enseñen y guíen. Implica un afán continuo de aprender, crecer y expandirse. Significa vivir la vida *in crescendo*, con la espalda y la cabeza erguidas mientras nos esforzamos en dar lo mejor de nosotros mismos, tendiendo luego una mano a los demás para ayudarles a hacer lo propio. ¡Y después vuelta a empezar!

La humildad es el eje de la rueda, el núcleo sólido entre autodominio y liderazgo. Está aquí, en la parte central de este libro, para conectar las palabras de los cinco primeros capítulos —palabras de autodescubrimiento y desarrollo personal— con las palabras que figuran en los cinco últimos capítulos, unas palabras que nos capacitan para ayudar, inspirar y guiar potencialmente a los demás. No podemos influir en otros hasta que no nos mostremos dispuestos a dejarnos influir. No podemos cambiar el mundo hasta no cambiar nosotros mismos.

Esta transición puede producirse a través de la humildad.

El origen de la palabra *humildad* es la voz latina *humus*, que significa 'tierra', específicamente se trata de una tierra rica, oscura y orgánica. Cuando plantamos una semilla en tierra fértil, se transforma en algo mucho mayor. La bellota se convierte en un roble. La más diminuta de las semillas plantada con esmero en primavera produce una abundante cosecha en otoño. Todo comienza con la riqueza en nutrientes de la tierra, el *humus*.

Cuando nuestra vida contiene suficiente *humus,* crecemos y nos desarrollamos, y ayudamos a prosperar a cuantos nos rodean. La humildad propicia el crecimiento.

La clave para crecer

El crecimiento puede tener lugar de diversos modos. La abundancia no suele darse en una tierra estéril y endurecida. Rara vez se obtiene una buena cosecha de un huerto abandonado y lleno de rastrojos. Nosotros podemos crecer y aprender si desaprendemos, si nos despojamos de algo viejo para hacer sitio a algo nuevo. En ciertos momentos hay que añadir unos nutrientes adicionales para cultivar el crecimiento. Para lograr una cosecha abundante antes hay que esmerarse en arar, sembrar y podar.

Cuando desarrollamos nuestros dones, los desenvolvemos y desplegamos para que todos se beneficien de ellos, incluidos nosotros mismos, nuestros dones y talentos se incrementan conforme alimentamos nuestra naturaleza. Por el contrario, cuando fingimos saberlo todo, nos cerramos a unas prometedoras oportunidades de desarrollar y ampliar nuestros dones. El huerto devuelve al hortelano con creces el amor y los cuidados que recibe de éste. Desarrollarse uno mismo es amarse a uno mismo.

A quienes tienen la humildad de reconocer que no lo saben todo les aguardan unas posibilidades infinitas. La prosperidad se encuentra cultivando una actitud de constante voluntad de aprender.

Éxito y *humildad* no son términos que se suelan usar de forma intercambiable, por más que ambas palabras estén íntimamente ligadas. Al igual que en el caso de *humildad,* podemos vincular las raíces etimológicas de *éxito* con la tierra. *Éxito* viene del latín *exitus,* que significa 'salir, abrirse paso'. Cuando una semilla sale a través de la tierra o *humus* a la luz del sol, sigue un sendero de éxito. Así pues, 'abrirse paso' significa 'tener éxito'. Y la única forma de 'abrirse paso' es aprovecharse del fértil *humus*. Cuando nos centramos y arraigamos en la humildad, plantamos semillas de éxito. No existe una auténtica humildad sin éxito ni un auténtico éxito sin humildad.

TARDES CON ARTHUR

Recuerdo la tarde en que Arthur me dio sin pretenderlo una lección de humildad y demostró que nunca es demasiado tarde para embarcarse en un viaje de superación personal. Yo llegaba tarde a nuestra sesión de estudio de palabras. Cuando por fin llegué a la residencia de ancianos y eché a andar por el pasillo hacia la habitación de Arthur, lo encontré sentado en una silla en el pasillo, esperándome. Estaba leyendo un libro. Cuando cerró la tapa miré el título: *Spellbound*. A primera vista era un título fascinante, que sugería una novela de misterio o un *thriller*.

Luego leí el subtítulo: *The Surprising Origins and Astonishing Secrets of English Spelling* ('Los sorprendentes orígenes y asombrosos secretos de la ortografía inglesa'.)

Ante mí tenía al más grande etimologista que jamás había conocido, un artífice de las palabras sin igual, que a sus más de noventa años se dedicaba a leer un libro sobre ortografía. El profesor es, y siempre será, en primer lugar un estudiante.

Cuando entramos en su «despacho» —la butaca reclinable en una esquina de su habitación— bromeé sobre sus lecturas. Arthur respondió sin inmutarse:

—La maestría es una búsqueda que dura toda la vida.

Arthur me habló de la palabra *maestro*, y de una forma que sólo él era capaz de lograr, hizo que ese término cobrara vida explicándome su antiguo significado. Tenía el don de tomar unas palabras fácilmente reconocibles y de uso común y descubrir su significado original ocultado por el paso del tiempo.

El maestro no se convertía en maestro de la noche a la mañana, me explicó Arthur. Era preciso seguir un proceso. En primer lugar, uno tiene que ser aprendiz, luego pasa a ser oficial y por fin, maestro.

Aprendiz. Oficial. Maestro. Esas tres palabras ilustran la importancia de seguir los pasos fundamentales y necesarios para adquirir el tipo de humildad que se corresponde con el auténtico liderazgo.

Arthur se animó visiblemente, como si se dispusiera a revelarme una verdad antiquísima.

Antaño, me explicó Arthur, el término *aprendiz* se refería a una persona que elegía un oficio y luego buscaba a un maestro en su aldea para que le enseñara los conocimientos necesarios para desempeñar la vocación que había elegido. Después de aprender todo lo que podía del maestro local, el aprendiz se trasladaba a otro lugar para ampliar su formación. Al embarcarse en ese empeño, el aprendiz pasaba a ser oficial. Los oficiales solían recorrer largas distancias para tener el privilegio de trabajar con el maestro que mejor pudiera ayudarles a perfeccionar su oficio. Con el tiempo, el oficial se convertía también en maestro, y el ciclo volvía a empezar.

—Pero el maestro no cesa nunca de aprender —señaló Arthur—. Por más oficiales a los que forme, un auténtico maestro sigue ampliando y perfeccionando su oficio hasta el día de su muerte.

Nadie encarnaba mejor la maestría que el maestro con quien conversaba yo. Cuando Arthur ejercía de catedrático y decano de la facultad de Lenguas de la universidad, en cierta ocasión se tomó un año sabático para inscribirse como estudiante en la Universidad de Georgetown, donde estudió latín y griego con un reputado sacerdote jesuita.

Durante nuestras sesiones de estudio, Arthur contaba sus experiencias como lo haría un jugador de béisbol al relatar sus mejores jugadas. Me dijo que, durante un viaje estival a Noruega, había llamado a la puerta de la Universidad de Oslo para preguntar cuándo impartían cursos de noruego. Le indicaron que tenían un curso para principiantes por la mañana, un curso de nivel intermedio por las tardes y un curso avanzado por las noches.

—Estupendo —dijo Arthur—. Me apuntaré a los tres.

Asombrosamente, unos meses después de regresar a casa escribió y publicó un manual para aprender noruego.

La insaciable sed de Arthur de adquirir nuevos conocimientos le ha permitido prosperar durante el invierno de su vida. Arthur encarna a la perfección el significado de la palabra *maestro*, y a menudo pienso en la suerte que tengo de ser su aprendiz.

Los superasalariados nunca dejan de estudiar

Las palabras de Arthur me recordaron un estudio que habíamos realizado cuando yo era el jefe de la división de ventas y formación de Franklin. Queríamos averiguar lo que separaba a nuestros principales productores, los que ganaban varios centenares de miles de dólares al año, de los que no ganaban ni una décima parte. ¿Qué los hacía únicos? ¿Qué los distinguía? ¿Qué diferenciaba a un maestro de ventas profesional, a un superasalariado, de otro empleado que percibía un sueldo mínimo?

Contratamos a una empresa consultora externa para averiguar la diferencia, y tras muchas horas de entrevistas y semanas de investigación, los asesores resumieron lo que habían descubierto con seis escuetas palabras: los superasalariados nunca dejan de estudiar.

Nuestros mejores empleados, sin excepción, eran unos ávidos y entregados estudiantes. Asimilaban y utilizaban constantemente la nueva información que adquirían. Comprobamos que todos leían más de 24 libros al año. Eran incansables en su afán de formarse en diversos temas, en especial sobre las necesidades de sus clientes. Parecían conocer a sus clientes mejor de lo que sus clientes se conocían a sí mismos. Nuestros principales vendedores conocían nuestra línea de productos a la perfección, así como las características y ventajas específicas de cada uno de dichos productos. Aunque habían alcanzado la cima de su profesión y eran la admiración y la envidia de todos en la empresa, ninguno de ellos creía saberlo todo. Demostraban su humildad tratando continuamente de aprender más, aspirando a alcanzar un nivel más alto de experiencia y conocimientos.

Un líder humilde

Mientras trabajaba como consultor en el sector de la hostelería, conocí a Norman Brinker, un multimillonario y restaurador excepcional pero nada ostentoso. Nada en Norman indicaba su cuantiosa fortuna y enorme influencia. No mostraba una actitud imperiosa o distante. Un lunes por la mañana fui a su casa de Dallas, invitado por él a desayunar, antes de tomar un vuelo más tarde.

Conocía ya la historia de Norman: había crecido prácticamente sin un céntimo en Roswell (Nuevo México) y su primer empleo fue de repartidor de periódicos, trabajo que había desempeñado primero en bicicleta, luego a caballo y por último en coche a medida que su ruta rural se ampliaba. Las circunstancias le habían llevado de esos humildes orígenes a ser un icono del éxito. Era jinete olímpico y en los campeonatos mundiales competía también en el pentatlón moderno, que consta de cinco pruebas: carrera campo a través, tiro con pistola, equitación, esgrima y natación. Norman se convirtió en un filántropo legendario. Y como hombre de negocios y uno de los fundadores del sector de la restauración informal, pocos podían rivalizar con él.

Norman siempre me inspiró con su entusiasmo y ganas de vivir. No existía ni un solo período de su vida en el que no se hubiera entregado con todo su empeño.

Ese día yo tenía una larga lista de preguntas catalogadas en mi mente para formulárselas al gran Norman Brinker. ¿Cómo había conseguido revolucionar el sector de la restauración? ¿Cómo había logrado convertir un puñado de restaurantes en Brinker International, el grupo multimillonario de cadenas tan populares en los Estados Unidos como Chili's, Romano's Macaroni Grill, On The Border Mexican Grill y Maggiano's Little Italy? ¿Cómo había creado una cultura empresarial tan vibrante, innovadora e importante? ¿Cómo sabía que los americanos responderían con entusiasmo a la idea de comer en un ambiente informal? ¿Cómo y qué le había inducido a imaginar el primer bufé de ensaladas? ¿Cómo había actualizado el diseño de sus restaurantes Chili's para servir unas suculentas fajitas recién hechas? ¿Cómo se explicaba que su participación consiguiera recabar un apoyo tan impresionante para el lanzamiento de la Fundación de Cáncer de Mama Susan G. Komen, una de las organizaciones sin ánimo de lucro de más éxito en el mundo?

Pero no pude hacerle ni una sola de estas preguntas. ¿Por qué? Porque fue Norman quien hizo todas las preguntas. Quería que le hablase de mi vida, de mis objetivos y sueños, de mis aficiones y logros. Mostró la curiosidad de un chaval.

Sus amigos íntimos y socios me confirmaron que se comportaba así con todo el mundo, sin adoptar jamás una actitud dominante o autocrática: era un hombre mucho más interesado en los demás que en sí mismo, un hombre que escuchaba más que hablaba. Había alcanzado sus objetivos ayudando a otros a alcanzar los suyos, se había superado a sí mismo ayudando a otros a que también se superaran.

Docenas de ejecutivos que habían trabajado de aprendices con él y habían observado la humildad con que ejercía el liderazgo han seguido su ejemplo para imitar su éxito. Estos directores generales y consejeros delegados dirigen ahora empresas como Chili's, Outback Steakhouse, P. F. Chang's, Buca di Beppo, T. G. I. Friday's y Pei Wei Asian Diner, por citar sólo algunas de ellas. Todos estos directivos tienen una cosa en común: todos ellos son el resultado de la tierra fértil que era la vida de Norman Brinker.

El hábito de la humildad

Uno de los grandes maestros en mi vida es el doctor Stephen R. Covey, la persona que me enseñó que la humildad es «la madre de todas las virtudes». Su apoyo generoso y su aliento han sido decisivos en el desarrollo de este libro. Stephen encarna muchas facetas de esta preciosa joya de la tierra que llamamos *humildad*. Cuando comentamos una palabra singular o su significado, no es raro oírle preguntar:

—¿Cómo se escribe esa palabra? ¿Cuál es su significado? ¿De dónde proviene?

Aunque Stephen es considerado por muchos como uno de los principales líderes intelectuales de nuestra época, sigue reconociendo la necesidad de obtener unas victorias íntimas y personales a través del autodesarrollo y el autodominio. No es raro entrar en su casa y ver una pila de libros en su estudio, el cuarto de estar, la cocina e incluso junto a la bañera. Esos montones de papel indican el sendero de un lector asiduo que a menudo hojea más de un libro al día. Lo cual corrobora de nuevo los resultados de nuestra investigación sobre nuestro equipo de ventas de Franklin: los lectores son líderes, y los líderes son lectores.

El hombre a quien la revista *Time* reconoció como «uno de los veinticinco estadounidenses más influyentes» de nuestro tiempo se esfuerza a diario en demostrar que una persona influyente necesita en primer lugar estar dispuesta a dejarse influir. El hombre que nos enseñó *Los 7 hábitos de la gente altamente efectiva* ha hecho de la humildad el hábito esencial de su vida.

Para Stephen, «vivir la vida *in crescendo*» es mucho más que un simple lema. Stephen está ahora en el otoño de su vida, y sigue ofreciendo charlas, dando clase, aprendiendo y practicando la humildad todos los días. Es un hábito. Es una forma de vivir, aprender y mejorar constantemente. Es humildad. Y no es de extrañar que otro colega aficionado a cultivar el *humus*, Norman Brinker, atribuya buena parte de su éxito profesional a las impagables lecciones que aprendió de primera mano de un insigne maestro llamado Stephen Covey. *Enseñar* es sinónimo de *mostrar*. Uno no puede mostrar lo que no conoce. No puede ser el guía de un camino que no ha transitado. Y no puede cosechar lo que no ha sembrado. .

Plantar la semilla

Como ya he mencionado antes, la aparición fortuita del doctor Gerald Bell en mi camino en una zona agreste de Wyoming propició varias conversaciones entre nosotros que me enseñaron el vínculo que existe entre la humildad y el fijarse unas metas. Para llevar a cabo y completar su exhaustivo estudio de unos ejecutivos jubilados —él lo llamaba su «Estudio de los 4.000»—, tuvo que invertir miles de horas. Los encuestados tenían una media de setenta años, y cuando les preguntaron qué cambiarían si pudiesen volver a empezar, respondieron con profundo pesar que se arrepentían de no haber planificado mejor sus vidas. Las respuestas que obtuvo el doctor Bell son harto reveladoras: «Me habría trazado unos objetivos y habría sido dueño de mi vida», «La vida no es un ensayo, es el momento de la verdad», «Habría asumido las riendas de mi vida fijándome unas metas», «Habría dedicado más tiempo a mi desarrollo personal», «Habría planificado mejor mi carrera».

Planificar requiere voluntad y preparación. Planificar es plantar. En primer lugar debemos plantar una semilla para que ésta pueda crecer. Contrariamente a la opinión generalizada, se requiere auténtica humildad para planificar primero y luego seguir ese plan y alcanzar unos objetivos provechosos. Quienes practican una falsa humildad —no persiguiendo lo que merecen, no sacando el máximo partido de su potencial, no reconociendo el alcance de sus talentos— soportan la humillación, que es la antítesis de la humildad.

Mentalidad de principiante

En Oriente, los grandes maestros han desarrollado una percepción que denominan «mentalidad de principiante». En el mundo de las artes marciales, un cinturón negro, el símbolo de lo que en Occidente solemos asociar con un gran logro, distingue a un serio principiante. La perspectiva es descrita con una sola palabra: *shoshin*. En japonés, esta palabra y su antiguo símbolo, 初心 describen una actitud de voluntad y deseo de aprender. El maestro zen Shunryo Suzuki me explicó:

—En la mente del principiante existen muchas posibilidades, pero en la del experto, pocas.

Los practicantes del *shoshin* se comprometen a desterrar toda idea preconcebida al aprender un tema. Incluso a un nivel avanzado abordan el tema como lo haría un principiante.

Desarrollar el *shoshin* requiere tiempo, paciencia y la voluntad de escuchar, observar y aprender de quienes aparecen en nuestro sendero. En Viena, donde Pravin Cherkoori me enseñó la palabra *genshai*, éste declaró:

—¡La vida es mágica! Fíjate en lo que sucede cuando te consideras un cubo vacío y a toda persona con la que te cruzas, un pozo, y colocas tu cubo debajo del grifo por donde sale el agua de ese pozo. Todos los nutrientes que alimentan la vida y promueven el crecimiento se vierten en tu cubo.

➤ PENSAMIENTOS QUE ANOTO EN MI CUADERNO SOBRE *Humildad*

Yo cambio a medida que afronto y resuelvo los retos.

Cambiar significa ser flexible o adaptarse.

Una semilla durmiente se transforma en un pequeño tallo flexible que gira en espiral mientras germina a través de la tierra para cumplir su propósito.

Los retos crean cambio, y el cambio promueve el crecimiento.

Marcarse unos objetivos es una forma de crear aposta unos retos.

Los objetivos, como el agua, tienen el poder de alimentarme. Unos objetivos bien planificados me permiten pasar por encima y debajo de los obstáculos y sortearlos.

Los dones y talentos son el combustible para alcanzar nuestros objetivos, pero a menos que desarrollemos un don, éste se deteriora. Es la ley de la atrofia: lo que no utilizas se atrofia. Atrofia significa 'deterioro'. Los talentos, como los músculos, se deterioran debido a la falta de uso. Cuando ejercitamos nuestros músculos, se vuelven más fuertes.

Resistir y expandirse; cambio y crecimiento; esfuerzo y desarrollo: ésa es la auténtica esencia de la humildad.

Al identificar los dones específicos que deseo expandir, me embarcaré en un viaje de autodominio y convertiré mi vida en una obra de arte.

Como dijo el dramaturgo inglés Philip Massinger: «Quien pretende gobernar a los demás, primero debe ser dueño de sí mismo».

IDENTIFICA Y HONRA A UN EJEMPLO DE
Humildad

ELIGE a alguien a quien conozcas cuya conducta refleje mejor la auténtica humildad.

ESCRIBE el nombre de esa persona en el recuadro inferior.

TIENDE la mano a esa persona, explícale el significado de *humildad* y por qué personifica esta palabra.

7

Inspirar

*En la vida de todos, llega un momento
en que nuestro fuego interior se apaga.
Posteriormente, un encuentro con otro ser humano
hace que arda de nuevo en llamas.*

ALBERT SCHWEITZER

Art Berg no parecía en absoluto una fuente de inspiración cuando entró sentado en su silla de ruedas en la sala de entrenamiento de los Baltimore Ravens.

Era a finales de verano del 2000, y los miembros de dicho equipo de la Liga Nacional de Fútbol Americano estaban en plena concentración de pretemporada, sometidos a un riguroso programa de dos sesiones de entrenamiento diarias, por la mañana y por la tarde, para estar a punto para la dura temporada que les aguardaba.

Art había sido convocado por Brian Billick, a la sazón el entrenador jefe de los Ravens, para que diera una charla a los miembros del equipo antes de la sesión de entrenamiento de esa mañana. Aún no eran las ocho cuando Art se situó en la parte delantera de la sala, frente a una colección de fornidos jugadores sentados en sillas plegables, mostrando diversos grados de atención, con bolsas de hielo y vendas elásticas sujetas a sus rodillas y tobillos. A juzgar por lo poco que transmitía a esa hora de la mañana su lenguaje corporal, manifestaban una clara indiferencia. Sus rostros eran inexpresivos, y la mirada, ausente. Habían oído ese tipo de discursos desde niños, discursos destinados a motivarlos con el fin de extraer el máximo provecho de sus habilidades físicas. ¿Qué podía decirles ese hombre sentado en una silla de ruedas que ellos no hubieran oído ya? ¿Cómo podía inspirarles más de lo que lo habían hecho otros?

Entonces Art les contó su historia: les dijo que cuando iba a casarse había sufrido un accidente que le había dejado tetraplégico. Había tenido que luchar durante varios años llenos de retos, dolor y vicisitudes para poder salir del hospital y casarse con la mujer de sus sueños. Había tenido que aprender de nuevo las tareas humanas rutinarias más elementales —cepillarse los dientes o calzarse, por ejemplo— sin poder utilizar sus brazos y sus piernas. Había tenido que soportar numerosos reveses y amarguras y desarrollar una paciencia que no imaginaba que existiese.

Tenía veintiún años cuando ocurrió, no era mucho más joven que la mayoría de los jugadores. Viajaba en el asiento del copiloto de un coche que circulaba a gran velocidad por el desierto de Nevada, cuando de pronto el vehículo volcó y fue dando vueltas de campana, cada una de las cuales machacaba la que hasta entonces había sido la vigorosa y atlética vida física que Art conocía. Cuando despertó en el hospital, el esfuerzo que le supuso abrir los ojos fue superior al de cualquier otro movimiento. Poniendo un denodado empeño, aprendió a moverse centímetro a centímetro. Tardó varios meses en sentarse en una silla de ruedas, y algunos meses más en poder desplazarse con ella.

En los momentos más negros, Art leía un poema de un autor inglés, William Ernest Henley, que silenciaba la incesante y funesta voz interior que le aseguraba que todo estaba perdido.

El poema, titulado «Invicto», contenía esta estrofa:

Por estrecho que sea el camino,
por rigurosa que sea la sentencia,
yo soy el dueño de mi destino,
yo soy el capitán de mi alma.

—Vosotros debéis decidir lo que queréis lograr —les dijo Art a los futbolistas esa mañana—. Única y exclusivamente vosotros.

Su objetivo, cuando despertó hundido y destrozado en el hospital, con un montón de razones que le demostraban que era incapaz de hacer nada, fue convertirse en campeón de todo aquello que pudiera hacer. Podía ser independiente. Podía casarse con su novia. Podía tener una familia. Podía conducir su propio coche y dirigir su vida. Podía escribir libros que ayudaran e inspiraran a los demás. Podía llegar a ser uno de los oradores más solicitados y estimulantes del país, cuyas circunstancias le capacitaban para recordar a unos deportistas dotados de enormes facultades que podían ser lo que ellos desearan. Podía hacer todas esas cosas, y las hizo.

Invicto

Los Ravens habían dejado atrás una temporada mediocre, y numerosas razones —lesiones, problemas personales, otros equipos que supuestamente poseían más talento— indicaban que esa temporada no sería mejor. Pero eso no significaba que tuvieran que aceptar el resultado que otros les auguraban. No significaba que no pudieran superar todas las razones que tenían en contra. Art definió *invicto*, una voz derivada de la palabra latina *invictus*, que significa 'inconquistable', 'indomable', 'invencible'.

—Si vuestro objetivo es ganar la Super Bowl y ser coronados como el mejor equipo de fútbol —les dijo—, los dueños de ese destino sois vosotros.

Cuando los jugadores salieron en silencio de la habitación, Art no estaba seguro de cómo habían recibido su mensaje. El propietario del equipo le pidió que se quedara para asistir a un partido de pretemporada antes de tomar el avión de regreso a casa. Los Ravens empezaron perdiendo por un amplio margen. El dueño del equipo se volvió hacia Art y dijo:

—Si logramos recuperarnos, haré que pongan la palabra *invicto* sobre el marcador.

Empleándose a fondo, los Ravens consiguieron remontar y ganar el partido, tras lo cual, adoptando la palabra *invicto* como su consigna, el equipo inició la temporada ganando cinco de los seis primeros partidos que disputaron.

Pero, posteriormente, perdieron su concentración... y una racha de tres partidos.

Los Ravens enviaron una señal de socorro a Art Berg.

—Necesitamos que regreses, Art, y hables de nuevo con el equipo —le dijo el entrenador Billick.

Art y su silla de ruedas volaron de nuevo a Baltimore y se encontraron con un público mucho más receptivo que el que les había recibido durante la concentración de pretemporada. Los jugadores reunidos frente a Art estaban pendientes de cada palabra suya. Habían oído su mensaje de aliento antes, pero ahora le escuchaban con gran atención.

Art les recordó el poder de *invicto*. Recalcó sus claves para alcanzar el éxito.

—No hagáis caso de las críticas. No prestéis atención a todas las razones por las cuales no podéis alcanzar vuestro objetivo. Concentraos en vuestros puntos fuertes, no en vuestros puntos débiles. Depende de vosotros. Mostraos inconquistables, indomables, invencibles. Invictos.

Los Baltimore Ravens ganaron todos los partidos del resto de la temporada, y en los *playoffs* o series eliminatorias, siguieron mostrándose invencibles. Cuando los nubarrones se disiparon en la Super Bowl, el marcador indicaba Baltimore 34 – Nueva York 7. Contra todo pronóstico, un sinfín de críticas y sus propias dudas al inicio de la temporada, los Baltimore Ravens se habían erigido en campeones del mundo de fútbol americano.

Después del triunfo de la Super Bowl, llamaron de nuevo a Art para que fuera a Baltimore, pero esta vez no como orador sino como invitado al banquete de celebración del título de liga, y los jugadores quisieron ofrecerle una cosa: su anillo de la Super Bowl. El hombre que no podía mover los brazos y las piernas pero les había inspirado para ganar la liga mundial de fútbol americano era ahora su jugador más valioso. Para demostrarlo, en ambos lados de los anillos de la Super Bowl que lucían había grabada una palabra: INVICTO.

Una auténtica inspiración

Conocí a Art Berg poco después del accidente que lo había dejado paralítico, y observé cómo a base de esfuerzo se transformó en el campeón que impactaba de forma positiva a todos y a todo cuanto hacía.

Fue Art quien inspiró a Chad Hymas, el joven cuya historia hemos conocido en el capítulo 4, a superar su parálisis y alcanzar sus objetivos personales. Dos meses antes del accidente que le costó a Chad la movilidad de brazos y piernas, Art pronunció una charla en un congreso en Texas. Entre los asistentes se encontraba Kelly Hymas, el padre de Chad. Kelly se sintió tan conmovido por el mensaje de Art que compró un ejemplar de su libro antes de tomar un vuelo de regreso a casa.

Cuando Chad se despertó paralizado en el hospital, Kelly colocó junto a su cama un ejemplar del libro de Art, *The Impossible Just Takes a Little Longer* ('Lo imposible sólo cuesta un poco más'). Después de leerlo, Chad escribió a Art rogándole que fuera al hospital a verlo. Al cabo de unos días, Art se presentó sin previo aviso en su silla de ruedas en la unidad de tetraplégicos del hospital en el que Chad y otros estaban recuperándose.

Sin decir una palabra, Art saltó de su silla sobre la cama y se dispuso a demostrar cómo un tetrapléjico se vestía por las mañanas. Utilizando sus brazos, su mentón y realizando algunas contorsiones corporales que los asistentes que lo observaban no habían siquiera imaginado, se quitó la ropa y volvió a ponérsela ante ellos, a una velocidad increíble. «¡Vosotros también podéis hacerlo!» fue el mensaje que les transmitió.

—Fue impresionante —me dijo Chad, maravillado—. Art apareció de improviso y se puso a hacer cosas que todos creíamos imposibles.

A partir de ese momento Chad contempló el mundo con una luz muy distinta y más optimista. De pronto el futuro parecía prometedor, y las posibilidades, de nuevo infinitas. Un hombre que vivía en unas circunstancias parecidas a las suyas, que se enfrentaba a los mismos y gigantescos obstáculos y limitaciones, le había enseñado unos horizontes que Chad ignoraba que existieran.

Art falleció poco después de conocer a Chad, a causa de unas complicaciones debidas a la medicación que tomaba para que su cuerpo paralizado funcionara. En homenaje a la vida de Art, Chad decidió hacer lo posible por emular el ejemplo de su mentor y tratar de servir e inspirar a los demás como Art le había servido e inspirado a él. Cuando Chad recorrió 825 kilómetros en su silla de ruedas, batió el récord de 523 kilómetros que había alcanzado Art. Y se esforzó incansablemente por convertirse en un orador capaz de mantener a su familia como Art había mantenido a la suya.

Después de años de cumplir con su deber, la Asociación Nacional de Oradores nombró a Chad Hymas orador profesional, un estatus concedido sólo a un puñado de destacados oradores americanos, entre ellos, Art Berg.

En todos los lugares donde Chad ofrece una charla, rinde homenaje a su mentor, y cada vez que alguien se refiere a él como un orador «motivacional», se apresura a rectificar ese calificativo.

—Soy un orador inspirador —insiste Chad.

Y su mentor le enseñó a ser uno de los mejores.

TARDES CON ARTHUR

Arthur respiró hondo. Luego contuvo el aliento. Yo no sabía qué trataba de explicarme, pero me sentí aliviado cuando espiró el aire y empezó a respirar con normalidad.

Quería enseñarme el significado de la palabra *inspirar*, que proviene del latín *inspirare*.

—*Spirare* —dijo—, significa 'soplar', e *in* significa 'dentro'. Luego *inspirar* es 'soplar dentro de algo', es decir, 'insuflar'.

El maestro de las palabras me explicó que insuflar vida en los demás es inspirar sus esperanzas, objetivos y sueños. Insuflamos vida en los demás al igual que nuestro Creador insufló la vida en nuestro espíritu.

En cambio, desairar a los demás es hacer que sus esperanzas, objetivos y sueños expiren. De modo que podemos insuflar vida a los demás o desairarlos, inspirarlos o hacer que expiren su sueños; depende de nosotros.

La capacidad de Arthur de insuflar vida en las palabras no dejaba de asombrarme, así como la capacidad de las palabras de insuflar vida en él. Nuestras sesiones vespertinas empezaban invariablemente con Arthur sentándose cómodamente en su butaca favorita, tranquilo y relajado. Cuando mencioné la palabra *inspirar*, se animó de inmediato, moviendo las manos y los brazos mientras escenificaba la definición, la viva imagen de la energía y el entusiasmo.

Después de ilustrar el significado de *inspirar* conteniendo el aliento, Arthur me habló sobre una palabra relacionada con ella. La palabra es *alentar*, del latín *alenitare*, derivado de *anhelitare*, que significa 'animar', 'infundir aliento o coraje'.

Desalentar significa 'quitar el ánimo', 'acobardar'. *Coraje* deriva de *corazón*, me explicó Arthur señalando el suyo. Así pues, cuando alentamos a alguien, al infundirle coraje 'le añadimos algo a su corazón', y cuando lo desalentamos, 'le quitamos algo a su corazón'.

Quienes inspiran e infunden coraje, prosiguió Arthur, son personas apreciativas, que añaden valor, mientras que quienes desalientan y desinflan a los demás, son personas despectivas, que reducen el valor de algo.

Arthur observó que las palabras como *apreciar* que empiezan con *ap-*, como *aprobar*, *aplicar* y *aplaudir*, por lo general significan 'arriba' o 'hacia'. Y las palabras que empiezan con *de-*, como *despreciar*, *destruir*, *denigrar* o *degradar*, generalmente significan 'abajo' o 'fuera'. Quienes aprecian sus talentos y dones únicos, así como los de otros, crean un ciclo ascendente que lo eleva todo en su vórtice. Quienes desprecian esos mismos talentos y dones hacen que ese ciclo gire en sentido descendente.

En cada encuentro con otro ser humano, tenemos la profunda oportunidad de infundirle coraje o desalentarlo. Las palabras constituyen la moneda de cambio de nuestras interrelaciones humanas. La habilidad que podemos desarrollar con el empleo adecuado de las palabras puede dotarnos de un gran poder e influencia.

Una prenda de alabanza

La poetisa Maya Angelou dijo: «He comprobado que las personas olvidan lo que has dicho y lo que has hecho, pero jamás olvidan cómo has hecho que se sientan».

En su libro superventas *El poder de la intención*, Wayne Dyer escribe sobre el efecto de la bondad en el cuerpo humano. Los científicos que estudiaron la actividad cerebral de individuos que llevaban a cabo acciones bondadosas dirigidas a otras personas hallaron niveles más elevados de serotonina, la sustancia química que produce el cerebro para que uno se sienta bien y principio activo de los medicamentos antidepresivos. Pero no fue eso lo único que hallaron: los investigadores constataron también que las personas que «recibían» esas acciones bondadosas presentaban la misma cantidad de serotonina que quienes les prestaban ese servicio. Y comprobaron asimismo que incluso quienes sólo observaban esas acciones bondadosas producían también la misma cantidad de serotonina.

Los ambientes inspiradores son contagiosos. Pocas cosas producen mayor sensación de bienestar que el paso de un ambiente frío a un lugar caldeado. Cuando inspiramos a otros y los elogiamos, es como si desterrásemos el frío que puedan sentir envolviéndolos en una cálida «prenda de alabanza».

Hay una escena grabada de forma imborrable en mi mente. Una noche, mientras paseaba en bicicleta por Doheney State Park, una playa a orillas del Pacífico en la que hay unas zonas de *picnic* con unos bancos y unos lugares para encender fuego, vi a una familia que había ido allí para celebrar el cumpleaños de un niño. Las llamas del fuego iluminaban los rostros de la docena de miembros de la familia que se hallaban agrupados en un círculo. En el centro había una tarta de cumpleaños decorada con velitas. Entonces me fijé en el punto focal de la atención y admiración de todos: el niño que cumplía años. Su cara resplandecía, como las velitas en la tarta y las brasas en la hoguera. Su expresión era inconfundible: una expresión de pura alegría y afirmación. Cuando me alejé pedaleando me di la vuelta para volver a contemplar la escena y sentí un calor especial en el corazón, como si estuviera también junto a esa hoguera y formara parte de la fiesta de cumpleaños.

La palabra *elogiar* significa 'alabar las cualidades y méritos de alguien o algo'. Cuando elogiamos a otros, les añadimos valor a ellos, a sus vidas y sus sueños. Concedemos un elevado precio a sus esfuerzos y propósito. Nuestras instituciones de enseñanza superior conceden un título de reconocimiento a quienes se gradúan con las notas más altas. El título *magna cum laude* significa 'con grandes alabanzas', y *summa cum laude* significa 'con las máximas alabanzas'. Los licenciados que han recibido dichas alabanzas abandonan el centro en el que estudiaron con sentimientos de gran valor.

Inspirar o expirar

En su revolucionario libro *Mensajes del agua,* el investigador Masaru Emoto propone la teoría de que el agua expuesta a palabras o pensamientos positivos forma unos hermosos cristales, mientras que el agua expuesta a palabras o pensamientos negativos forma unos cristales distorsionados. Utilizando la fotografía de alta velocidad, Emoto muestra cómo el agua parece cambiar su expresión según la naturaleza de las palabras escritas o dichas a las que está expuesta.

Hace más de medio siglo Napoleon Hill nos enseñó este principio intemporal: «Todo pensamiento tiende a revestirse de su equivalente físico».

De niños aprendemos que «palabras no rompen hueso». Pero eso no es del todo cierto: *quizá no rompan huesos, pero pueden partirnos el corazón.*

Las palabras, para bien o para mal, poseen un inmenso poder. Pueden inspirar o sofocar. Depende de nosotros. Podemos:

Elegir *sanar o herir.*
Elegir afirmar o rechazar.
Elegir inspirar o sofocar.
Elegir alabar o criticar.
Elegir apreciar o menospreciar.
Elegir alentar o desalentar.
Elegir concentrarnos en nuestros puntos fuertes
    o en nuestros puntos débiles.

El hecho de utilizar unas palabras y un lenguaje que eleva el espíritu humano crea un nuevo paradigma en el pensamiento. En lugar de «¿qué puedo conseguir?», nuestra mentalidad cambia hacia «¿qué puedo dar?»

El extraordinario corazón

Nuestros cuerpos están programados para la vida, y todo empieza con el corazón. Si formáramos una cadena con las arterias, venas y capilares que configuran la vasta red de nuestro sistema cardiovascular, cubrirían unos noventa y seis mil kilómetros, suficiente para dar la vuelta a la tierra más de dos veces. Sin embargo, el corazón tiene la capacidad de hacer que un solo glóbulo rojo circule a través de todo el cuerpo en veinte segundos. Cuanto más ejercitamos el corazón, más fuerte se hace. El corazón de un deportista bien entrenado puede llegar a ser un 70 % más grande que un corazón de tamaño normal. Y, por el contrario, la falta de ejercicio hace que el músculo del corazón se encoja.

Pero el corazón es más que una bomba: es la clave del bienestar. Es donde residen nuestras emociones más profundas y nuestras aspiraciones más nobles. Ocupa el centro de la literatura desde los tiempos medievales. Novelistas, dramaturgos, poetas y compositores de canciones han creado a lo largo de los tiempos su propio vocabulario en torno al corazón. Palabras y expresiones como *descorazonado, todo corazón, corazón de piedra, buen corazón* y *de todo corazón* evocan vívidas imágenes mentales.

En el antiguo Egipto, el corazón era considerado la semilla de la humanidad; el judaísmo considera que el corazón es el templo del alma y la sede de la sabiduría; en el cristianismo, el corazón es el símbolo del amor y la compasión.

Dar corazón

Nuestra familia adquirió un profundo aprecio personal por el significado de la expresión *infundir coraje* —o 'añadir al corazón de alguien'—, poco después de que naciera nuestra primera nieta, Taylor. A primera vista, Taylor era un bebé sano y robusto. Pero al día siguiente de su nacimiento, los médicos descubrieron que tenía un defecto cardíaco congénito. Tras muchas horas de análisis, diagnosticaron que este nuevo y pequeño milagro padecía una dolencia llamada tetralogía de Fallot. Es la causa más frecuente del síndrome de los «bebés azules», una dolencia que puede ser mortal. En términos vulgares y corrientes, Taylor tenía el corazón hipertrofiado. Además de la hipertrofia cardíaca, tenía un agujero entre los dos ventrículos inferiores del corazón, aparte de una válvula que se cerraba en lugar de abrirse cada vez que su corazón bombeaba sangre. Por consiguiente, sus pulmones no obtenían el oxígeno necesario.

Nada nos había preparado para semejante noticia. Los padres de Taylor eran deportistas de élite. Su madre, nuestra hija mayor, Summer, formaba parte del equipo de fútbol de la universidad, y su padre, Bryson, era ciclista profesional. En el Centro de Entrenamiento Olímpico de Colorado Springs, sus pruebas fisiológicas habían alcanzado los niveles más altos. No era lógico que la primogénita de unos padres que gozaban de una excelente forma física y estuvieran tan dotados desde el punto de vista aeróbico padeciera un problema cardíaco. Pero así era.

Los médicos decidieron operarla al cabo de seis meses, cuando Taylor estuviera lo bastante fuerte para resistir el estrés de la intervención. El día fijado, toda la familia nos presentamos en el hospital. En nuestros afligidos corazones albergábamos tan sólo un deseo: que Taylor se curara. Sonreímos y nos despedimos de ella agitando la mano cuando la transportaron al quirófano en brazos de una enfermera vestida con un uniforme decorado con vaquitas, un detalle divertido que ocultaba la gravedad de la situación, al igual que la sonrisa en la carita de Taylor ocultaba los problemas ocultos en su pequeño corazón.

Los médicos calcularon que la operación duraría entre dos y tres horas. Pero hubo unas complicaciones imprevistas con el aparato del *bypass* corazón-pulmones que provocaron que el cuerpo de Taylor se hinchara, y las dos o tres horas se multiplicaron.

Al cabo de varias horas angustiosas, un cirujano sudoroso y atribulado, con el corazón rebosante de emoción, entró en la sala de espera. Estaba hecho polvo. Nos explicó las graves complicaciones que habían causado el prolongado retraso y que el equipo de cirujanos había logrado por fin añadir una válvula de un donante, la bicúspide, al corazón enfermo de Taylor. Después de recortar la válvula y acoplarla delicadamente a su corazón, habían cosido un parche de una sustancia parecida al Gore-Tex para tapar el agujero de la parte inferior del corazón. El médico nos aseguró aliviado que a partir de ahora Taylor obtendría el saludable oxígeno que necesitaba. Estas alentadoras palabras hicieron que Summer, cuyo corazón rebosaba de dolor, ansiedad y amor, emitiera por fin un suspiro de esperanza.

Cuando trajeron a Taylor en una camilla a la unidad de cuidados intensivos, no estábamos preparados para lo que vimos. Este precioso bebé parecía un globo hinchado, apenas reconocible. Al verla, todos retrocedimos contra la pared. Pero cuando vimos a Summer correr hacia su primogénita, de quien no se apartó hasta que la niña mejoró, comprendimos la importancia de lo que había ocurrido. De no haberle añadido la válvula a su corazón, de no ser por la pericia y los conocimientos de esos expertos cirujanos y enfermeras, Taylor no habría sobrevivido mucho tiempo.

Cuando observamos a nuestra adorada Taylor correr, montar en bicicleta y jugar al fútbol, nos sentimos agradecidos por cada paso, golpe de pedal y patada al balón y, lo que es más importante, nos sentimos agradecidos de que esté junto a nosotros y enriquezca nuestras vidas. ¿Es importante añadir algo al corazón de alguien o insuflar vida en otra persona? *Nosotros estamos seguros.*

➤ PENSAMIENTOS QUE ANOTO EN MI CUADERNO SOBRE
Inspirar

Inspirar — ¡Respirar!

Infundir coraje —¡Añadir corazón!

¡Dejar a los demás mejor!

Mi madre me inculcó la importancia de inspirar e infundir coraje a quienes aparecieran en mi camino. «Procura dejar a los demás mejor de como estaban después de encontrarse contigo», me decía.

Yo tenía que tratar a todo el mundo, sin excepción, con generosidad, pues el hecho de tratar a los demás de forma mezquina equivalía a una traición familiar.

El filósofo y jesuita francés Teilhard de Chardin dejó escrito: «No somos seres humanos que tenemos una experiencia espiritual. Somos seres espirituales que tenemos una experiencia humana».

Puedo insuflar vida en el espíritu de los demás.

Se dice que «un amigo es alguien que conoce la canción que anida en tu corazón y puede cantártela cuando tú hayas olvidado la letra».

Puedo alentar a quienes amo a pensar y vivir con grandeza. Puedo inducirles a que persigan grandes sueños y magnifiquen sus singulares talentos.

El decimocuarto Dalai Lama nos enseñó: «Somos visitantes en este planeta. Permanecemos aquí durante noventa o cien años a lo sumo. Durante ese tiempo debemos tratar de hacer algo bueno, algo útil, con nuestras vidas. Si contribuimos a la felicidad de los demás, hallaremos el auténtico objetivo, el auténtico sentido de la vida».

A partir de hoy me propongo hacer que cada persona se sienta mejor después de encontrarse conmigo.

IDENTIFICA Y HONRA A UNA PERSONA QUE
Inspire

ELIGE a alguien que conozcas cuya conducta inspire a los demás.

ESCRIBE el nombre de esa persona en el recuadro inferior.

TIENDE la mano a esa persona, explícale el significado de *inspirar* y por qué personifica esta palabra.

8

Empatía

Ponerse en el lugar de otro,
ver y sentir como lo hace otra persona,
constituye un raro don.

MATA AMRITANANDAMAYI

Larry Hall nunca había oído hablar de la técnica de los cinco pasos, y mucho menos la había puesto en práctica, cuando cogió una bola de jugar a los bolos de seis kilos con la mano izquierda y se situó detrás de los triángulos pintados en el suelo.

Estábamos en Jack & Jill Lanes, una bolera cerca de mi casa, una mañana de sábado como cualquier otra. Larry era el gerente del Village Green Trailer Court, un *camping* para caravanas que pertenecía a su familia y donde residía la mía. Trabajaba también como líder voluntario de los jóvenes de nuestra comunidad. Nos habíamos hecho amigos cuando yo tenía diecisiete años y se me acercó y me preguntó por mis aficiones. Le dije que me gustaban los bolos.

—Pues vamos a jugar a los bolos —dijo Larry.

Era evidente que Larry no había estado muchas veces en una bolera. Puede que fuera un excelente deportista (era tenista profesional y entrenaba a otros tenistas en la universidad local), pero no conocía la diferencia entre la técnica de cinco pasos y tres pasos. Una vez, al ir a lanzar, dejó caer la bola detrás de él.

Yo era asiduo a las boleras desde pequeño. Mi padrastro había jugado a los bolos en dos ligas, y mi madre y mi hermano también jugaban a los bolos. En nuestra familia, los bolos eran nuestro pasatiempo preferido.

Al principio supuse que a Larry le interesaban los bolos. Pero lo que realmente le interesaba era ayudarme a hacer las elecciones adecuadas en mi vida. Como líder juvenil, se tomaba muy en serio su labor: era amigo de numerosos chicos de nuestra zona, a quienes apoyaba y protegía. Me había visto alrededor del *camping* para caravanas, el típico adolescente que iba a cien por hora sin tener la menor idea de adónde se dirigía. Larry advirtió cierto potencial en mí y decidió ayudarme a ver y poner en práctica ese potencial.

No me invitó al club de campo; vino al lugar donde personas de condición humilde iban a pasar el rato los sábados, vino a mi terreno. Se quitó sus zapatillas de tenis y se calzó las de jugar a los bolos. Después de disputar unas partidas, hablamos sobre todas las posibilidades y elecciones que se abrían ante mí. Larry Hall (no estamos emparentados) se convirtió en el mentor más importante de mi vida. Comprendí que ese entrenador de tenis se preocupaba realmente por mí. Solía decirme: «Kevin, puedes seguir ese sendero, o puedes seguir ese otro», tras lo cual hablábamos sobre lo que significaban esas elecciones y adónde podían conducirme. Este muchacho —no era mucho mayor que yo— contribuyó a guiarme hacia unas decisiones que tuvieron un impacto positivo en mi vida: me alentó a seguir estudiando, me advirtió que me mantuviera alejado de las drogas y otras adicciones y, ante todo, fue un gran mentor y un modelo de servicio desinteresado. No creo que nuestra relación hubiera prosperado de no haberme conocido donde yo vivía y haberse molestado en caminar por mi sendero.

El impacto de su orientación y consejos como mentor cambió el curso de mi vida.

TARDES CON ARTHUR

Hoy, durante nuestra sesión de estudio de las palabras, me he dado cuenta de que a Arthur le encantan las palabras relacionadas con la tierra. Sus palabras favoritas son las que describen la tierra.

En otras sesiones me había enseñado términos como *descubridor del sendero* para referirse a un líder que se agacha para palpar el suelo e indicar a los demás por dónde deben cazar y moverse, y *humildad*, una palabra derivada de *humus*, la fértil tierra orgánica que promueve el crecimiento y el desarrollo saludables.

Arthur me informó de que la palabra de hoy era *empatía*, la identificación mental y afectiva de un sujeto con el estado de ánimo de otro. La palabra en inglés, *empathy*, también surge de la tierra. *Pathy* proviene de *path*, 'sendero', y *em-* significa 'en'. Así pues, empatía significa en inglés 'caminar por el sendero de otro'. Si no transitamos por el sendero de otra persona, si no pasamos por donde el otro ha pasado, no podemos comprender realmente lo que experimenta esa persona.

Arthur también me explicó que *comunicación*, palabra que es prima carnal de *empatía*, es otra palabra asociada con la tierra. *Comunicación* proviene del latín *communicare*, que significa 'compartir, tener en común'. Para tener algo en común con otra persona es preciso compartir un terreno común.

Arthur me contó que había visitado Italia con un grupo de alumnos poco después de fundar el programa de estudios en el extranjero de su universidad. Cuando atravesaban la campiña italiana, el autocar en el que viajaban se averió, lo que ocasionó un prolongado retraso. Casualmente, se hallaban cerca del pueblo de Banubecco, un lugar que Arthur conocía bien pues era donde había estado destinado durante la Segunda Guerra Mundial y había ayudado a los aliados a descodificar las comunicaciones de los alemanes.

Cuando la avería del autocar estuvo arreglada, los estudiantes miraron a su alrededor en busca de Arthur pero no consiguieron localizarlo. Preocupados por haber perdido a su profesor, se dispersaron y lo buscaron por todo el pueblo, donde por fin encontraron a «Arturo» hablando en un italiano fluido a una nutrida multitud de lugareños que le escuchaban fascinados. Arthur no había tenido problema alguno para matar el rato mientras reparaban el autocar. Gracias a sus conocimientos del idioma y de las gentes de esa tierra, Arthur y los habitantes del pueblo habían compartido un terreno común mientras aquél recorría de nuevo el sendero por el que ellos transitaban durante esta extraordinaria reunión.

Ventajas contra prestaciones

He pasado buena parte de mi vida en el campo profesional de las ventas. Yo mismo he trabajado de vendedor. He formado y dirigido a personal de ventas y he estudiado los métodos de algunos de los profesionales de las ventas más importantes del mundo. Ello me ha llevado a la conclusión de que una de las principales cualidades de los mejores vendedores es la habilidad de anticiparse a las necesidades de los demás.

Los vendedores mediocres venden prestaciones, hablan sobre las características de un producto o servicio. Los grandes profesionales de las ventas venden ventajas, explican lo que el producto o servicio puede hacer por su cliente. Es la diferencia entre un vendedor de coches común y corriente, que indica que la llave de contacto incorpora una prestación que abre el maletero, y un vendedor excepcional, que comenta que, cuando el futuro comprador se dirija hacia el coche cargado con la compra, el maletero se abrirá para que no tenga que depositar las bolsas en el suelo. Los clientes no compran prestaciones, compran ventajas. Los maestros vendedores que saben transitar por el sendero del otro son, ante todo, grandes comunicadores.

La comunicación ilusoria

El dueño de un restaurante del Caribe, cansado de que la humedad hiciera que sus azucareros se convirtieran en terrones de azúcar, decidió resolver la situación encargando unos sobrecitos de azúcar individuales que sus clientes pudieran abrir cuando quisieran echar azúcar a su café o té.

La mañana que llegaron los sobrecitos de azúcar, el dueño del restaurante dio a sus empleados unas órdenes muy sencillas: sacar el azúcar antiguo de los azucareros, lavarlos y llenarlos con el azúcar nuevo. Después, el gerente del restaurante se fue.

En su ausencia, sus empleados, obedeciendo sus órdenes, abrieron cada sobrecito individual de azúcar y vertieron el contenido en los azucareros que acababan de lavar. Mientras realizaban esta tarea, se preguntaron unos a otros en voz alta: «¿Por qué diantres quiere el jefe que hagamos esto?»

¿Quién era responsable de esa mala comunicación? ¿El emisor o el receptor?

La respuesta es: los dos.

George Bernard Shaw lo expresó con gran acierto al decir que «el problema de la comunicación es que nos hacemos la falsa ilusión de que se ha producido».

Cuando establecemos un terreno común recorriendo el sendero de los demás, nuestra capacidad para inducir un cambio positivo aumenta de forma exponencial. Cuando no logramos empatizar, creamos invariablemente una comunicación ilusoria, inexistente. La empatía por ambas partes habría evitado el malentendido: la empatía por parte del dueño del restaurante (¿qué están oyendo?) y la empatía por parte de los empleados (¿qué está pensando?)

Nunca des nada por sentado

Es asombroso cómo se pueden torcer las cosas cuando los ingredientes esenciales de la empatía y el terreno común no se establecen con claridad.

En mi caso, lo comprendí a mis expensas cuando estudiaba el último curso en el instituto y me encargaron que preparase la fiesta anual de bienvenida a los antiguos alumnos que se celebraba en otoño.

Había leído que en un instituto de Nueva York habían organizado una carrera de Volkswagens por el campo de fútbol. La idea me pareció genial, y decidí incorporar esa actividad en la media parte del partido de fútbol que íbamos a disputar en nuestro instituto. El plan era que todas las clases —los estudiantes de segundo, tercero y último curso— empujaran un Volkswagen escarabajo de un extremo al otro del campo. El primer Volkswagen que alcanzara la meta sería el ganador. Imaginé la camaradería, la diversión, la emoción que ese insólito evento generaría. Junto con otros representantes del consejo de estudiantes, expuse la idea al señor Oyler, nuestro tutor. El señor Oyler no era fácil de convencer. Había sido una estrella del equipo de fútbol americano de su universidad y se esforzaba constantemente en enseñarnos a ser mejores comunicadores y líderes, concediéndonos a la vez la suficiente libertad para tomar nuestras propias decisiones.

Recuerdo el día que salí de su despacho, después de haberle convencido sobre la carrera de Volkswagens. Le aseguré que la organización sería impecable. Le dije que cubriríamos el nuevo césped para que no sufriera daño alguno cuando los estudiantes empujaran los Volkswagens a través del campo de fútbol. Además, tomaríamos otras precauciones para alcanzar nuestras ambiciosas expectativas. Aunque era algo que nunca habíamos hecho en nuestro instituto, aseguré a todo el mundo que sería un evento del que se hablaría durante mucho tiempo. Por desgracia, no me equivoqué.

Aún recuerdo el momento en que me dirigí al campo de fútbol durante la media parte del partido, tomé el micrófono y dije:

—¡Ahora vamos a organizar una carrera de Volkswagens!

A partir de entonces estalló el caos. Los estudiantes salieron corriendo de las gradas y empezaron a empujar los coches. No tuve oportunidad de explicarles las reglas ni siquiera darles la salida. Los alumnos de segundo no tenían conductor para su Volkswagen. Al cabo de unos segundos se desviaron hacia el carril de los de tercero, chocaron con el Volkswagen de éstos y destrozaron el lateral del vehículo. Los alumnos de tercero respondieron saltando sobre el coche de los de segundo y aplastándole el techo. Ninguno de los tres coches había alcanzado la meta cuando el señor Oyler se dirigió hacia el centro del campo de fútbol, micrófono en mano, y dijo:

—Que se presente Kevin Hall en mi despacho.

Recorrí el aproximadamente millar de angustiosos pasos desde el campo de fútbol hasta su despacho seguido por el resto de los representantes del consejo de estudiantes, que se sentían más que aliviados de no estar en mi lugar. Cuando abrimos la puerta, el señor Oyler había escrito cinco palabras en la pizarra.

«Nunca des nada por sentado»

El señor Oyler me recordó la conversación que mantuvimos unos días antes, cuando le aseguré que todo saldría a la perfección. Enumeró todas las cosas que debería haber tenido en cuenta pero pasé por alto. Me preguntó si había creído que podría comunicar con claridad las reglas de la carrera antes de que estallara el caos. ¿Había dado por sentado que los alumnos de segundo que no tenían carné de conducir dispondrían de un conductor para su Volkswagen? ¿Había dado por sentado que todos los coches avanzarían en línea recta? ¿Había dado por sentado que todos los coches estarían asegurados? (sólo lo estaba uno).

Mi gran oportunidad para demostrar el tipo de líder y comunicador que era se había esfumado por haber cometido una pifia descomunal. Lo único que me vino a la cabeza fue una frase de la película *La leyenda del indomable*, de Paul Newman: «Lo que tenemos aquí es un problema de comunicación». Verdaderamente fue una pifia memorable. Es imposible calcular la cantidad de personas que se me acercaron durante el resto del curso para decirme: «Caray, Kevin, fue tremendo. Jamás olvidaremos ese día».

La intención del comandante

Gran parte de lo que puede salir mal, o en gran parte de lo que se basa en la comunicación depende de que tanto el emisor como el receptor conozcan el propósito del mensaje. Cuando uno sabe «por qué», sabe lo que debe hacer.

En el caso del restaurante caribeño que tenía el problema del azúcar que se apelmazaba debido a la humedad, si el dueño hubiera comunicado con claridad a sus empleados que su propósito era dirigir un restaurante de primer orden que siempre velaba por las necesidades de sus clientes, sus empleados habrían comprendido que no debían abrir los sobrecitos individuales de azúcar aunque las órdenes hubieran sido confusas o vagas. En *Pegar y pegar,* los autores Dan y Chip Heath aluden a una frase utilizada en el ejército: «La intención del comandante». Se refiere al verdadero significado y propósito de la comunicación de un comandante: lo importante no son las palabras con que expresa la orden, sino comprender lo que el comandante pretende con ella.

La palabra *comprender* proviene de *cum*, que significa 'junto', y *prehendere,* que significa 'captar'. Comprender es, por lo tanto, 'captar todos juntos'.

Cuando los líderes se esfuerzan en que las partes implicadas lo comprendan todo con claridad, los malentendidos desaparecen.

Norman Brinker, el legendario magnate de la hostelería al que me he referido en el capítulo 6, era conocido por el éxito que había alcanzado en su sector, y cuando hablas con alguien que trabajó con él o a sus órdenes, la respuesta invariable es que era un comunicador tan singular como efectivo.

Su estilo de liderazgo incluía cuatro normas categóricas: 1. Cuando tenía una reunión con los miembros de su equipo, Brinker iba a sus despachos en lugar de pedirles que acudieran al suyo; 2. Las preguntas las hacía él, y los otros respondían; 3. Dejaba que sus colaboradores llevaran el peso de la conversación; 4. Expresaba a menudo su gratitud y aprecio. (Durante su funeral, Doug Brooks, el actual consejero delegado de Brinker International, recordó que Norman le había enviado cincuenta y tres notas y cartas personales de gratitud y aprecio, que él conservaba como un tesoro.) Gracias a esa comunicación empática, Brinker creaba constantemente unos ejecutivos que alcanzaban los primeros puestos en el sector. De hecho, más de veinte ex miembros de su equipo dirigen hoy empresas que cotizan en bolsa.

Comprender con claridad

En su revolucionario libro *Los cuatro acuerdos*, Don Miguel Ruiz escribe sobre la importancia de una comunicación clara y abierta entre emisor y receptor. Al explicar su Tercer Acuerdo,

«No haga suposiciones», aconseja: «Tenga el valor de formular preguntas y expresar lo que realmente desea. Comuníquese con otros con la mayor claridad para evitar malentendidos, disgustos y dramas. Este acuerdo basta por sí solo para transformar su vida por completo».

Stephen R. Covey me ha enseñado en numerosas ocasiones que «no hay nada que nos legitime y ratifique más que sentirnos comprendidos. Y a partir del momento en que una persona empieza a sentirse comprendida, se convierte en alguien mucho más abierto a influencias externas y al cambio. La empatía es al corazón lo que el aire al cuerpo.

Lamentablemente, hoy en día sentirse comprendido es un lujo.

El sentido etimológico de la palabra inglesa *understand* ('comprender') es 'hallarse entre'. No significa encontrarse por debajo o en un nivel inferior. Significa estar 'junto a'.

Los auténticos descubridores del sendero lideran a partir de un terreno común. Están en el sendero cara a cara, codo con codo, hombro con hombro con sus seguidores. Son unos líderes que guían y muestran.

Siempre podemos hablar

Algunos de los mejores consejos sobre el cuidado de los hijos que recibí en mi vida me los dio una mujer llamada Patricia Murray, con la que trabajé un tiempo en Franklin. Pat había sido Miss Hawái y candidata a Miss América, pero lo que más me impresionó de ella fue la relación que Pat y su marido, Harry, tenían con sus hijos. Hablaban con ellos continuamente sobre todo tipo de temas. Estaba claro que había un alto grado de cariño y confianza entre ellos. Un día le pregunté a Pat cómo habían conseguido desarrollar una relación tan magnífica con sus hijos, a lo que ella me respondió que desde el principio tanto ella como Harry habían acordado dos reglas con sus hijos: la primera era que siempre podrían ser amigos, pasara lo que pasara; la segunda era que siempre podrían hablar, pasara lo que pasara.

—Esos dos principios nos han ayudado a resolver todos los problemas —dijo Pat.

En aquel entonces nuestros hijos eran pequeños y Sherry y yo nos tomamos el consejo de Pat muy en serio. Establecimos las mismas reglas en nuestra casa con nuestros hijos. Este espíritu de comunicación abierta —por encima de cualquier contingencia— hizo que el hecho de fijar unos objetivos se convirtiera en un proceso natural en nuestra familia. Con frecuencia nos sentábamos a hablar con nuestros hijos y les ayudábamos a identificar sus objetivos y sueños. No podían ser nuestros objetivos, tenían que ser los suyos. Nuestros hijos necesitaban unos sueños que les motivaran. Estas «entrevistas» propiciaron unos hábitos de comunicación que dieron resultados de largo alcance y muy positivos, lo que nos permitió guiar y orientar a nuestros hijos en sus respectivos senderos.

El valor de las palabras

Es muy fácil dar por supuesto el significado de las palabras. Pero cuando el cerebro de una persona empieza a deteriorarse, como ocurre cuando alguien cae en las garras del alzhéimer, cada palabra adquiere un gran valor.

Tengo un vecino y amigo, Jim Dyer, cuya esposa y alma gemela, Renie, tenía alzhéimer. Dos años después de enfermar, cuando su capacidad para recordar y comunicarse disminuyó, Jim comprendió que se acercaba el momento en el que su esposa no podría ya compartir ninguna palabra con él ni con nadie. De modo que empezó a escuchar a Renie con más atención y a tomar nota de lo que decía. Cada palabra se convirtió en un tesoro. A lo largo de cinco años, Jim acumuló más de ocho mil de esas palabras, que recogió y catalogó en un cuaderno. Semana tras semana, el número de palabras que pronunciaba Renie disminuyó. Al cabo de un tiempo, apenas decía nada. Parecía como si se limitara a decir tan sólo lo que era más importante.

De vez en cuando, hablaba en un lenguaje que Jim no podía descifrar. Pero éste observó que el mero hecho de articular las palabras y saber que alguien la escuchaba tenía un efecto calmante y gratificante sobre Renie.

El día de Acción de Gracias, rodeada por su familia y amigos, Renie no dijo ni una palabra. Le encantaba tocar el piano, y su hijo Steve la acercó en su silla de ruedas al piano mientras su nieto Robbie se ponía a tocar. Cuando Robbie terminó de tocar, todos los presentes en la habitación oyeron a Renie decir una palabra en voz alta y clara, la palabra más importante que podía pronunciar ese día: «Gracias».

Nunca debemos subestimar o dar por sentado el poder de la comunicación. Nunca debemos subestimar el poder de la palabra adecuada en el momento indicado. Las palabras nos conectan unos con otros, constituyen lo que oímos y lo que decimos, son la esencia de lo que somos colectivamente.

Empatía y sufrimiento

Refiriéndose a la empatía, Og Mandino escribe: «Derribaré con amor el muro de la sospecha y el odio que han erigido alrededor de sus corazones y en su lugar tenderé unos puentes para que mi amor penetre en sus almas». Un gran amigo y cliente mío de *coaching*, Dave Blanchard, director general del Og Mandino Group, añade: «Nuestro carácter se forja en el horno de la adversidad. Sabemos lo que es el dolor. No podemos modificar el pasado pero podemos elegir utilizar esos puntos referenciales como una valiosa fuente que nos ayude a comprender y conectarnos mejor con las personas. Cuando utilizamos nuestras experiencias vitales al servicio de los demás, entonces encontramos por fin el propósito de nuestro sufrimiento, la alegría en nuestro viaje y la necesaria sanación de nuestras almas».

➤ PENSAMIENTOS QUE ANOTO EN MI CUADERNO SOBRE
Empatía

Para ser un líder y un auténtico descubridor del sendero, debo descubrir lo que alimenta la vida escuchando con atención y mediante una astuta observación.

Empatía significa 'transitar por el sendero de otro'.

El hecho de escuchar tiene la facultad de conducirme a otro nivel de superación humana y a un nivel superior de liderazgo.

Ernest Hemingway dejó escrito: «He aprendido mucho por escuchar con atención. La mayoría de las personas no escuchan nunca».

¿Cuáles son las características de las personas que escuchan con empatía?

¿Qué hacen a la hora de comunicar?

¿Qué hacen otras personas de modo distinto por el hecho de estar yo entre ellas?

¿Cómo puedo escuchar de forma más empática?

En cada encuentro puedo elegir mostrar comprensión y empatía, o puedo elegir mostrarme crítico e intolerante. La primera elección conduce a unas relaciones valiosas; la segunda, a una vida de suposiciones huecas y de frustración.

Yo elijo aprovechar mi capacidad infinita de empatía y sensibilidad hacia los demás, para transitar por un sendero que no tengo que recorrer solo con un propósito claro y firme.

IDENTIFICA Y HONRA A UN EJEMPLO DE
Empatía

ELIGE alguien a que conozcas que personifique la empatía.

ESCRIBE el nombre de esa persona en el recuadro inferior.

TIENDE la mano a esa persona, explícale el significado de *empatía* y por qué esa persona personifica esta palabra.

9

Coach

Si ayudas a que el barco de tu hermano alcance la orilla,
el tuyo también la alcanzará.

Proverbio hindú

En la antigua Hungría había una aldea llamada Kocs, a orillas del Danubio, entre Budapest y Viena, donde construían los mejores carruajes de caballos del mundo. Expertos carreteros confeccionaban esos vehículos con suspensión de muelles para transportar cómodamente a la realeza por los accidentados caminos que discurrían junto al río y comunicaban las dos grandes ciudades. Esos carruajes recibieron el nombre de *coches* en homenaje al nombre de la aldea donde los diseñaban con tal maestría.

Construidos en un principio para la aristocracia, los coches transportaban a personajes importantes a su destino en un ambiente lujoso y cómodo. Su diseño compacto, robusto y elegante superaba con mucho cualquier medio de transporte que existiese con anterioridad, y los coches no tardaron en hacer furor en la Europa del siglo XV.

Con el tiempo, el término *coche* pasó a designar otros medios de transporte. Los pasajeros que viajaban hasta los rincones más remotos de la frontera del Oeste americano lo hacían en grandes coches de posta llamados también diligencias, o en los coches o vagones de ferrocarril. En Europa, la palabra *coche*, con la aparición del motor, se convirtió en sinónimo de *automóvil* o, en el caso de *coche de línea*, de *autobús*.

Pero por popular y extendida que se haya hecho esta palabra desde que el primer coche salió de un taller de Kocs, el significado no ha cambiado: un coche (o *coach* en inglés), sigue siendo algo o alguien que transporta a una persona estimada desde donde está hasta donde desea estar.

Se llame como se llame, un *coach* es...

En otras culturas y lenguas, a los *coaches* se les designa con nombres y títulos muy distintos.

— En Japón, un *sensei* es 'alguien que ha recorrido un mayor tramo del sendero'. En las artes marciales, es el maestro.

— En sánscrito, un gurú es 'alguien que posee grandes conocimientos y sabiduría'. *Gu* significa 'oscuridad', y *ru* significa 'luz'; luego un gurú conduce a alguien de la oscuridad a la luz.

— En el Tíbet, un *lama* es 'alguien que posee la espiritualidad y autoridad para enseñar'. En el budismo tibetano, el Dalai Lama es el maestro que ocupa el primer puesto en la jerarquía.

— En Italia, un *maestro* es un 'maestro de música'. Es una abreviatura de *maestro di capella*, es decir, 'maestro de capilla'.

— En Francia, un tutor es un 'profesor privado'. El término data del siglo XIV y se refiere a alguien que ejerce la tutela.

— En Inglaterra, un guía es 'alguien que conoce e indica el camino'. Denota la habilidad de ver y señalar el rumbo más aconsejable.

— En Grecia, un mentor es un 'sabio y probado consejero'. En *La Odisea*, el mentor de Homero era un consejero que le protegía y apoyaba.

Todas esas palabras describen el mismo papel: *alguien que ha recorrido buena parte del camino y nos conduce por él*. Los *coaches* nos indican las curvas peligrosas, los posibles baches, los obstáculos y escollos del camino por el que transitamos. Evitan los callejones sin salida y los rodeos innecesarios mientras nos conducen con seguridad al destino que hemos elegido. Tanto si nos conducen, nos enseñan, nos indican, nos guían o nos aconsejan, son *coaches*. Y son indispensables a la hora de ayudarnos a encontrar nuestro camino y propósito.

TARDES CON ARTHUR

Los ojos de Arthur chispeaban cuando me senté en el cómodo sofá de su habitación y hablamos sobre los coches de Kocs. Se mostró encantado de corroborar mi historia sobre el origen de la palabra *coach*. Me informó de que había viajado por la carretera que discurría junto al Danubio entre Viena y Budapest y que atravesaba la aldea de Kocs. Era evidente que el recuerdo le complacía. Pero lo que más le complació fue que yo hubiera hecho mis deberes.

Observé en Arthur un entusiasmo especial cuando otros demostraban una pasión por las palabras análoga a la suya. Notaba en él una mayor energía cuando ofrecía sus breves charlas culturales, y uno de los presentes mostraba un gran interés en la palabra analizada ese día. El rostro de Arthur se animaba, y movía sus grandes manos muy excitado mientras se zambullía en la conversación. Observé la misma energía en las numerosas ocasiones en que estuve con él en su habitación y algún miembro de su familia llamó por teléfono. Arthur se ponía a hablar tranquilamente con uno de sus hijos o hijas en italiano, alemán u otro idioma que yo no comprendía. Estaba claro que le encantaba observar el entusiasmo que otros mostraban por las palabras y el lenguaje.

Mientras conversábamos sobre la aldea de Kocs, escuché a Arthur fascinado cuando me relató un recuerdo que databa de los años treinta, sobre el día en el que, en una plaza pública de Viena, rodeado por una multitud, oyó a un hombre pronunciar un discurso. El orador era el canciller de Alemania, Adolf Hitler. Antes de que vomitara su política de odio por Europa y desencadenara la Segunda Guerra Mundial, Arthur oyó de primera mano el enorme poder que transmitía la voz de Hitler. Recordaba su habilidad para azuzar a la muchedumbre sólo con sus palabras y la inflexión que utilizaba al pronunciarlas. Las palabras, me recordó Arthur, pueden conducir a algo muy positivo o a algo muy destructivo.

El valor del *coaching*

Puede ser muy útil hacer inventario de los muchos *coaches* que hemos tenido en nuestra vida y tomar nota de cómo lograron que siguiéramos nuestro sendero y propósito sin desviarnos. En este libro cito y rindo homenaje a numerosas personas que han desempeñado este importante papel en mi vida. Esos *coaches* ostentan distintos nombres y títulos: maestro, guía, mentor, madre, amigo, profesor…, por citar sólo unos cuantos. Pero todos ellos, de un modo u de otro, me han conducido a lugares a los que jamás hubiera llegado por mis propios medios.

Reconocer el valor de un *coach* puede ser el primer paso hacia la superación personal. Pero no siempre es fácil. Incluso en el mundo del deporte, donde abundan los *coaches* o entrenadores, la importancia de un entrenador puede ser subestimada o pasar inadvertida.

En el mundo del ciclismo, una de mis pasiones, se produjo un gran revuelo cuando Lance Armstrong decidió recibir la ayuda de unos *coaches* de una forma que nadie había hecho jamás: después de recuperarse de un cáncer, contrató a nutricionistas para asegurarse de que su sistema inmunológico funcionara a un nivel óptimo. Pero Armstrong no se detuvo ahí: contrató a unos expertos para que pusieran a punto su bicicleta y su equipo; consultó a diseñadores para determinar el tipo de indumentaria hecha a medida que utilizaría en una prueba contrarreloj para mejorar su velocidad. En un deporte que parecía tan sencillo como pedalear sobre una bicicleta —algo que la mayoría de nosotros aprendemos de pequeños—, Armstrong contrató a unos entrenadores para que calcularan la potencia que desarrollaba con cada golpe de pedal.

Además, llevaba a sus entrenadores a las carreras. Según una antigua tradición, cuando se inicia una carrera los ciclistas tienen que apañárselas por sí mismos, dependiendo tan sólo de su habilidad e intuición. Pero aparte de utilizar a sus entrenadores para ayudarle a prepararse para una carrera, Armstrong mantenía contacto con ellos por radio para que le aconsejaran durante la carrera. No sólo eso, sino que cuando la carrera finalizaba, Lance hacía venir a un *coach* experto en nutrición, un chef para que le preparara el tipo de comidas que le ayudaran a recuperarse lo más rápida y eficazmente posible tras el esfuerzo realizado ese día. A la hora de aprender de los mejores del mundo, Lance Armstrong no dejó piedra por remover. El Equipo Lance, como lo llamaban, y las carreras de ciclismo jamás habían visto nada igual.

Tuve ocasión de ver personalmente al Equipo Lance cuando viajé con unos amigos aficionados al ciclismo a Francia, para asistir al Tour de Francia. Estábamos sentados en la terraza de un café en Evian, a orillas del hermoso lago Lemán, esperando que se iniciara la etapa de esa jornada, cuando se reunió con nosotros el entrenador y *coach* personal de Lance, Chris Carmichael.

Le preguntamos a Chris cómo había aprovechado Lance sus dotes y talentos para convertirse en el ciclista profesional más importante del mundo. Chris nos explicó que gran parte de su éxito era atribuible a su voluntad de modificar la cadencia de su pedaleo. La mayoría de ciclistas pedalean a un ritmo aproximado de entre 70 y 80 revoluciones por minuto. Pero Lance incrementó su ritmo hasta conseguir pedalear a una media entre 90 y 100 revoluciones, incluso cuando subía una pendiente. Carmichael le había propuesto intentar alcanzar esa cadencia de pedaleo casi increíble para aprovechar sus músculos delgados y compactos. Al pedalear a un ritmo superior, podía obtener el máximo rendimiento de su extraordinario físico.

—Veréis cómo se hace más fuerte cada día —nos dijo Carmichael.

Hacía poco que el Tour se había iniciado. Al cabo de unos días, cuando la carrera finalizó en París, Lance Armstrong, tal como había pronosticado su entrenador, desfiló en bicicleta por los Campos Elíseos luciendo el codiciado *maillot* amarillo que simbolizaba su victoria. Cuando lo vi subirse al podio del vencedor, imaginé la satisfacción que debía de sentir su entrenador Carmichael, que se encontraba muy cerca de él.

Lance Armstrong, uno de los deportistas de más éxito de la historia, ilustra la importancia no sólo de rodearse de *coaches*, sino de dejarse guiar y aconsejar por ellos.

Tener un *coach* es una cosa, hacerle caso es otra muy distinta.

Un *coach* para todo

No conozco a nadie en el mundo empresarial que reconozca más el valor de los *coaches* que Harvey Mackay, autor de libros de éxito, orador famoso a escala internacional y fundador y presidente de Mackay Envelope Company. Hace poco Harvey me contó que tiene un *coach* para prácticamente todos los ámbitos de su vida. Tiene un *coach* que le da clases de elocución; un *coach* que le aconseja a la hora de escribir; un *coach* para sus negocios; un *coach* para sus finanzas; un *coach* que le asesora en su vida personal; un entrenador de tenis; uno de *footing*; un entrenador de golf e incluso tiene un entrenador de ping pong. En total, tiene más de una docena de *coaches* y entrenadores personales. ¿Por qué? Porque Harvey ha comprendido que puede conseguir mucho más con la ayuda de un buen *coach*. Sabe el inestimable valor que representa acudir a alguien que ha alcanzado el punto culminante de la curva de aprendizaje y dejarse asesorar por él. Esto le ha ayudado a triunfar en los negocios, a triunfar como deportista y a convertirse en uno de los escritores y oradores más solicitados del mundo. Los *coaches* han enriquecido todas las facetas de su vida que son importantes para él.

Los *coaches* ven el potencial

Entre los diversos tipos y clases de *coaches*, el denominador común es que todos son maestros. Ser maestro significa enseñar. Los maestros no se limitan a explicarnos algo sino que, además, son un ejemplo, un modelo con el que nos enseñan cómo debemos hacer las cosas.

Marva Collins está considerada como una de las mejores maestras del mundo. Fundó la Westside Preparatory School en su propia casa, situada en un barrio pobre de Chicago. Abrió sus puertas a estudiantes que habían sido rechazados y abandonados por el sistema de enseñanza pública. Les habían colgado la etiqueta de «incapaces de aprender». Habían fracasado. Tenían problemas a la hora de leer y escribir. Ningún maestro o *coach* podía con ellos, hasta que Marva los acogió en su casa y demostró que no era así.

Esta maestra visionaria se negaba aceptar el estereotipo social. Se negaba a aceptar la mediocridad. Estaba convencida de que «en cada estudiante se oculta un niño brillante». Marva explicó a sus alumnos que tenían una elección: podían seguir el camino de no aprender, el camino de la ignorancia, y acabar con un trabajo sin porvenir, incapaces de satisfacer sus necesidades. O bien podían optar por una educación que les abriría unos horizontes inimaginables para ellos y sus seres queridos.

Marva rechazó el trabajo rutinario y el aprendizaje basado en la repetición mecánica tipo papagayo y los sustituyó por una participación activa y la exigencia de que sus alumnos ejercieran la autodisciplina. Estaba convencida de que el maestro debía hacer que el afán de aprender fuera contagioso y crear un ambiente en el que una idea diera pie a otra.

Marva acogió en su colegio a chicos considerados analfabetos y les ayudó a dominar la lengua. Leían a los grandes escritores como Platón, Sócrates y Homero. Esos estudiantes rechazados por el sistema empezaron a citar a Shakespeare. Al cabo de un tiempo, después de trabajar con ahínco, los graduados de Westside Prep fueron aceptados en Harvard, Princeton, Columbia, Oxford, Yale y Stanford.

La extraordinaria historia de Marva fue relatada en el programa de televisión *60 Minutes*. Dos presidentes, George H. W. Bush y Bill Clinton, le ofrecieron a Marva Collins el cargo de secretaria de Educación, pero Marva los rechazó a ambos para seguir enseñando a los estudiantes de uno en uno.

Mi esposa, Sherry, y yo tuvimos el privilegio de pasar tres días con Marva y su marido, Franklin, que también es maestro, en su hermosa casa de Hilton Head (Carolina del Sur).

En su nutrida biblioteca, Marva nos explicó que la enseñanza era el punto de partida de todo.

—En las tres décadas que llevo enseñando, me he topado con pocos estudiantes incapaces de aprender —dijo Marva—. Sin embargo, he conocido a muchas víctimas de las incapacidades de la enseñanza.

Estaba convencida de que un buen maestro debe lograr que un mal estudiante se convierta en uno bueno, y un buen estudiante en uno superior. Recuerdo que dijo:

—Cuando nuestros estudiantes fracasan, nosotros, en tanto que maestros, también hemos fracasado.

Su propósito principal era identificar y magnificar las singulares dotes de cada estudiante. El mantra que repetía a sus alumnos era: «Confía en ti mismo. Piensa por ti mismo. Actúa según tu propio criterio. Expresa tus opiniones. Sé tú mismo».

Marva encarnaba la filosofía de «no puedes enseñar lo que desconoces, y no puedes guiar a nadie por un sendero por el que no has transitado».

No tenemos que enseñar a miles, centenares ni siquiera docenas de personas. Si somos capaces de enseñar a una sola persona el camino que debe emprender, si podemos conducir a una persona de la oscuridad a la luz, si podemos influir de modo positivo en la evolución de una persona, habremos triunfado como maestros y como *coaches*. Es una verdad incontestable que cuando iluminas el camino de otras personas, ves con más claridad el tuyo.

He podido constatar la veracidad de ese principio en mi experiencia como *coach*. Tengo el privilegio de trabajar semanalmente como *coach* para importantes directivos empresariales, profesionales de ventas, deportistas, oradores y escritores. A menudo obtengo de ellos tanto o más de lo que ellos obtienen de mí.

Jim Newman, uno de mis primeros mentores, que incidió de forma decisiva en mi participación en el proyecto de la Estatua de la Responsabilidad soñado por Viktor Frankl, tenía un lema que solía compartir conmigo: «Kevin, si quieres alcanzar la felicidad, la paz, la plenitud en tu vida, alégrate del éxito de los demás». ¡Qué modelo! ¡Qué objetivo! ¡Qué meta para cualquiera que desee ser un *coach*! ¿Hay algo más gratificante que ver a alguien que estimas, alguien con quien has trabajado y planificado, alcanzar y conseguir las cosas que esa persona jamás creyó que fueran posibles?

Tender la mano a todo el mundo

Cuando nuestro hijo mayor, Colby, estudiaba tercero de secundaria en el instituto, nos mudamos a California. Colby, un apasionado jugador de fútbol, se mostró lógicamente preocupado por el efecto que nuestro traslado tendría sobre su incipiente carrera de futbolista, tanto más cuanto que iba a inscribirse en uno de los institutos más importantes del estado con fama de preparar a unos futbolistas fuera de lo común.

Poco después de haber descargado los bártulos de los camiones de mudanza, llevé a Colby en coche al campo del instituto donde estaba entrenándose el equipo de fútbol. Nos apeamos del coche para observar unos minutos el entrenamiento y me fijé en un chico que realizaba unos ejercicios de calentamiento y mostraba unas evidentes discapacidades físicas. No podía caminar de forma normal, y mucho menos correr. Cuando iba detrás del balón, en lugar de correr perseguía el balón arrastrando los pies. Más tarde averigüé que padecía parálisis cerebral.

Junto a nosotros estaba el padre de otro alumno. Le pregunté si el chico discapacitado era uno de los técnicos del equipo.

—No —respondió mi interlocutor—. Forma parte del equipo. El entrenador Skaff quiere que juegue.

Eso bastó para que me formara una opinión sobre el entrenador Skaff. En esos momentos comprendí que Colby disfrutaría de un programa sólido y eficaz.

Durante la temporada, observé que el entrenador Skaff incluía al chico, que se llamaba Sean, en todos los ejercicios, entrenamientos y partidos. No formaba parte de la alineación de salida, y no jugaba de forma regular. El entrenador no perdía de vista sus responsabilidades hacia el colegio y los otros jugadores, que formaban un equipo competitivo (ese año ganaron el campeonato de liga). Tampoco perdía de vista su responsabilidad de mostrarse compasivo e incluir al chico en las actividades del equipo. En los entrenamientos, y a veces en los partidos, Skaff siempre hallaba un momento y un lugar para Sean, que sonreía como Beckham cada vez que salía al campo.

Conforme avanzó la temporada, las acciones del entrenador tuvieron un efecto positivo sobre el resto de los jugadores. En lugar de sentirse molestos por la presencia de Sean, cuyo cuerpo no era tan completo y sano como el de sus compañeros, imitaron al entrenador y se afanaron en aceptarlo y animarlo. Estoy convencido de que era por eso por lo que formaban un equipo tan cohesionado.

Cuando finalizó la temporada, hablé con el entrenador Skaff sobre sus razones para incluir a Sean en el conjunto. Me dijo que tenía mucho que ver con lo que el chico podía aportar al equipo y lo que el equipo podía aportarle a él. Skaff intuía el deseo de Sean, su espíritu, actitud y talante positivos, pese a sus discapacidades físicas.

—Sean jamás ha dicho «no puedo hacerlo» —me explicó el entrenador—. Es asombroso el afán que tenía Sean de formar parte del equipo, lo mucho que ha trabajado, más que el resto de sus compañeros. Aporta mucho al equipo. Los otros jugadores le respetan y al mismo tiempo comprenden lo afortunados que son por tenerlo. Eso ha hecho que todos se esfuercen un poco más. Sean ha logrado que formásemos un equipo perfectamente cohesionado.

Este entrenador tenía un plan que funcionó para todos.

La validación equivale a poder

Tuve la oportunidad de conocer a Meg Whitman cuando trabajamos juntos en la campaña de un candidato a la presidencia. Meg goza de una fama legendaria como innovadora y motivadora. Se hizo cargo de una pequeña compañía de Internet con un puñado de empleados y la convirtió en una empresa de dieciséis mil millones de dólares con miles de empleados y millones de clientes llamada eBay.

Meg creó eBay basándose en una palabra.

—Es mi palabra favorita —dice—: *validación*.

Validar proviene del latín *valere*, que significa 'ser fuerte'. A los ojos de la ley, *válido* significa 'legalmente aceptable'. Cuando te sientes validado, eso te da fuerza, poder y autoridad.

En eBay, Meg creó un sistema tan singular como práctico de *feedback* que aseguraba eficazmente a los clientes y empleados que controlaban todas las transacciones, que tenían poder. Cada transacción realizada por el comprador y el vendedor era consignada de inmediato, lo que producía un *feedback* global y un elevado nivel de confianza. Esta validación capaz de crear semejante nivel de confianza se convirtió en el pilar de un mercado virtual aceptado en todo el mundo.

—Cuando validas a las personas —dice Meg—, eso les da poder, las induce a hacer cosas extraordinarias. Es lo que hace que el mundo gire.

Un *coaching* eficaz realza los puntos fuertes y las habilidades, no las debilidades e incapacidades.

Un líder debe aprender a seguir

Esencialmente, *coaching* es un ejercicio recíproco. En ningún caso es una calle de dirección única. Los *coaches* inteligentes aprenden de las personas a quienes sirven.

A Jon Luther, ex consejero delegado y actual director ejecutivo del consejo de administración del conglomerado multibillonario Dunkin´ Brands, le gusta relatar la historia de su primer trabajo como encargado en el sector de la hostelería. Acababa de graduarse en la universidad y había causado una impresión tan favorable a los dirigentes de una nueva compañía llamada Services Systems que lo enviaron a dirigir el servicio de comida del Canisius College de su ciudad natal de Búfalo (Nueva York).

—Yo tenía veinticuatro años —recordaba Jon—. Entré con mi corbata de Princeton y mi camisa de vestir y me sentí totalmente perdido. Miré a mi alrededor y vi a una mujer mayor que yo, Sarah, una persona asombrosa, que era la cocinera de la empresa. «No tienes ni la más mínima idea de cómo funciona esto, ¿verdad, chico? —me preguntó—. Ven, que yo te lo enseñaré.»

»Sarah se convirtió en mi mentora. Me enseñó los entresijos del negocio. Me enseñó lo que se suponía que yo debía saber pero desconocía. Me salvó. Aprendí que no podemos prescindir de ninguna persona y que cada trabajo es importante.

Al cabo de unos años, Jon progresó en su carrera y fue nombrado vicepresidente de Aramark Services, una importante empresa nacional de servicios de comida cuyas siglas son ARA. Su nombramiento apareció publicado en el periódico de Búfalo, un artículo de una columna de dos centímetros y medio por cinco con una pequeña fotografía bajo el titular: «Un chico local prospera en el mundo de los negocios».

Al poco tiempo, Jon se hallaba un día en su despacho de Filadelfia cuando sonó el teléfono. Era un asociado de ARA llamado Tom Lawless, que lo llamaba desde Búfalo.

—Hola, Jon —dijo—. Aramark acaba de obtener la cuenta del Canisius College y he entrevistado a la plantilla sobre el tema de los traslados. He conocido a una mujer llamada Sarah Henley. Cuando empezamos a hablar, me preguntó: «¿ARA no es la compañía para la que trabaja Jon Luther?» Al responder afirmativamente la mujer sacó de su bolso un breve artículo de prensa en el que aparecía tu foto, lo señaló y me dijo: «Yo le enseñé todo lo que sabe».

—Dile que tiene razón —respondió Jon.

«Para ser un líder, tienes que aprender a seguir —es el consejo de Jon Luther cuando habla sobre liderazgo—. Y no subestimes nunca el poder de una relación. He aprendido que jamás debes olvidarte de los que te han ayudado a llegar donde has llegado.»

➤ PENSAMIENTOS QUE ANOTO EN MI CUADERNO SOBRE *Coach*

Cuando enseño una habilidad a otra persona, la aprendo dos veces.

Adquirir conocimientos y experiencia conlleva en sí mismo una recompensa.

El hecho de compartir conocimientos y experiencia con otros crea una serie de recompensas exponencialmente mayores.

Recuerda el proverbio asiático: «Quien facilita las cosas a los demás, se las facilita a sí mismo».

La palabra experto proviene del latín experiri, y se refiere a alguien que te ayuda a intentar algo nuevo.

Los expertos contribuyen a acortar «la curva de aprendizaje» a aquellos a quienes guían por el sendero.

Los auténticos coaches se centran en el rendimiento de las personas a quienes sirven.

Me comprometo a tender la mano y transmitir a otros las habilidades y talentos que yo haya adquirido. Al hacerlo, obtengo *una sensación de aportación y satisfacción que no puedo alcanzar de otra forma.*

Deepak Chopra lo describe con estas palabras: «Todo el mundo tiene un propósito en la vida... Un don único o un talento especial que ofrecer a otros. Y cuando combinamos este talento único con el servicio a los demás, experimentamos el éxtasis y exultación de nuestro espíritu, que es el objetivo último».

No puedo conducir a otros al destino que han elegido sin aproximarme más al mío.

IDENTIFICA Y HONRA A UN *Coach* EXCEPCIONAL

ELIGE a alguien que conozcas cuya conducta refleje mejor los principios de un *coach*.

ESCRIBE el nombre de esa persona en el recuadro inferior.

TIENDE la mano a esa persona, explícale el significado de *coach* y por qué ella personifica esta palabra.

10

Ollin

No necesitamos luz, sino fuego.
No necesitamos una suave llovizna, sino truenos y relámpagos.
Necesitamos la tormenta, el ciclón, el terremoto.

FREDERICK DOUGLASS

Cuando un terremoto o un violento temporal sacudía la tierra, los antiguos aztecas describían este poder con una palabra: *Ollin*.

Es una palabra que hallamos en el calendario azteca y en muchos de los instrumentos utilizados en las ceremonias sagradas precolombinas. Se trata de una expresión de inmensa profundidad que transmite un movimiento intenso e inmediato. *Ollin*, que procede de la antigua lengua náhuatl, deriva de *yellotl*, que significa 'corazón', y *yolistli*, que significa 'vida'. *Ollin* significa 'moverse y actuar de inmediato con todo tu corazón'. Significa que debemos seguir nuestro sendero en la vida empleándonos a fondo. Para experimentar *ollin*, es preciso entregarse por completo.

Cuando se produce un terremoto, significa que ha llegado el momento de moverse y actuar con firme resolución.

Los aztecas se imaginaban que lucían el corazón en la cara para poder abrir los ojos y ver con más claridad. Cuando vemos nuestro sendero con claridad, nos movemos con mayor celeridad de propósito e intención. Avanzamos con el corazón rebosante de entusiasmo y decisión. Los aztecas llamaban a eso un corazón de *ollin*. Estaban convencidos de que todo el mundo tenía un sendero sagrado que nos conduce al propósito que nos hemos fijado en la vida. Para los aztecas dependía de la persona descubrir lo que tenía que hacer en la vida y emplearse a fondo. Creían que si todo el mundo lograba hallar su propósito, aquello que hacía que su corazón latiera más aceleradamente, toda la sociedad conseguiría hallar su *ollin*. No se trataba tan sólo de un afán individual, sino colectivo.

Ollin confirma que las palabras son sagradas y tienen el poder de inspirarnos para cambiar el mundo en sentido positivo.

Otras culturas tienen palabras similares que describen el concepto de 'comprometerse' y 'emplearse a fondo'. Kenton Worthington, un cliente mío de *coaching* y uno de los mejores emprendedores de márketing multinivel del mundo, me enseñó que los húngaros tienen una palabra similar, *egyensuly* (se pronuncia [edgensúi] y significa que uno debe concentrarse a fondo en todo lo que hace, de lo contrario corre el peligro de caer en las trampas asociadas a la indecisión y la inercia. Hacer las cosas a medias, sin emplearse a fondo, lo opuesto de *ollin*, tiene sus consecuencias.

TARDES CON ARTHUR

De vez en cuando, durante nuestras sesiones de estudio, solía jugar con Arthur a un juego que yo denominaba «confundir al profesor». Las normas eran bien simples: yo lanzaba una palabra; si Arthur no lograba identificar su origen, ganaba yo.

Durante tres años no conseguí mi propósito, hasta el día en que mencioné la palabra *ollin*.

Arthur me miró boquiabierto, con una insólita expresión de perplejidad.

—Es una palabra azteca —le expliqué—. Significa 'emplearse a fondo'.

—Por fin has logrado confundirme —respondió Arthur esbozando una amplia sonrisa.

Al cabo de unos minutos nuestra conversación giró en torno a lo que significa 'emplearse a fondo'. Arthur se recobró rápidamente al conectar esa frase con el término *oportunidad*.

Me explicó que la raíz de *oportunidad* es 'puerto', que significa 'la entrada por agua a una ciudad o lugar de negocios'. Antiguamente, cuando la marea y los vientos eran favorables y el puerto se abría, permitía la entrada a los barcos para comerciar, visitar o invadir y conquistar. Pero sólo quienes reconocían la entrada podían aprovecharse del puerto para amarrar sus naves o fondear en él.

Uno no puede «fondear», o sea, emplearse a fondo, observó Arthur con tino, sin reconocer y aprovechar la oportunidad que lo precede. Ese tipo de acción no es estacionaria. No es inmutable. Significa avanzar con entrega y resolución. *Resolver* proviene del latín *resolvere*, que significa 'soltar'. En este sentido, por ejemplo, utilizamos el término 'disolvente' para describir un líquido que suelta y libera una o más sustancias. Eso es lo que conseguimos en nuestra vida al obrar con resolución: eliminar lo que entorpece nuestro progreso.

Actuar con resolución nos libera de los grilletes de la indecisión. La palabra *procrastinar* proviene del latín *pro*, que significa 'adelante', y *crastinus*, que significa 'mañana'. Esta corrosiva forma de inercia engaña a muchos haciéndoles creer que 'avanzan hacia mañana'.

El progreso se consigue paso a paso. *Pro* significa 'hacia delante', y *gressus* significa 'avance, marcha'. Cuando progresamos en la vida, avanzamos en nuestro viaje.

De pronto Arthur, cuya buena racha en el juego de «confundir al profesor» había llegado a su fin, me guiñó el ojo y dijo:

—Kevin, estás empezando a progresar en tus habilidades lingüísticas.

Un empeño total

Una vez salté de un avión que no corría ningún peligro. Me apunté en la Economy Jumping School, donde por 45 dólares y después de unas horas de entrenamiento tienes derecho a volar a 3.000 pies de altura en un Cessna 172 sin puerta... y saltar.

Me llevé a tres amigos y cuando el avión estaba en la posición adecuada, los cuatro nos apretujamos lo más lejos posible de la puerta abierta. El piloto ocupaba el asiento izquierdo, y el instructor de saltos estaba agachado delante de la abertura, dispuesto a llamarnos a cada uno por nuestro nombre. Cuando me tocó el turno, dijo:

—Kevin, ha llegado el momento de que saltes.

Yo di un empujón a mi amigo, que también se llama Kevin, pero el instructor de saltos gritó:

—¡No, tú, el de la cara pequeña y redonda!

En ese momento, cuando te deslizas hacia la abertura, te asomas y contemplas unas parcelas de tierra marrones y verdes a tus pies, te das cuenta por primera vez de que no van a detener el avión para que saltes. Estás volando a unos ciento treinta kilómetros por hora y te dicen que apoyes ambos pies sobre una placa de metal del tamaño aproximado de un zapato. Luego tienes que lanzarte fuera y sujetarte al montante del ala. Sobre el montante, a un metro y medio de la puerta abierta, hay una línea negra. Te dicen que procures saltar más allá de esa línea porque, de lo contrario, te expones a chocar con la cola del avión, y todos sabemos lo catastrófico que eso podría ser.

De modo que estaba sujeto al montante del ala, con los pies suspendidos en el aire, cuando oí al instructor de saltos gritar una orden compuesta por una sola palabra:

—¡Salta!

Durante el cursillo nos enseñaron que cuando el instructor gritara «salta», teníamos que soltarnos en el acto del montante del ala, arquear la espalda y empezar a contar: «Y mil... y dos mil... y tres mil... y cuatro mil...», y cuando llegáramos a «... y cinco mil,» se supone que nuestro paracaídas se abriría gracias a la cuerda estática acoplada al avión.

Pero cuando el instructor gritó «¡salta!», me costó mucho soltarme. De hecho, durante unos momentos imaginé que el avión aterrizaría y yo seguiría suspendido del borde del ala.

Al intuir mi indecisión, el instructor cogió un palo largo con un martillo de goma en un extremo. Nos habían advertido que si nos negábamos a saltar, el instructor nos golpearía en la mano para obligarnos a soltarnos. Cuando le vi coger el palo, solté el ala. Me olvidé de contar. En lugar de decir: «y mil», grité: «¡Ahhhhgggaaaahhggggg!»

En esos momentos, cuando te has soltado y estás totalmente concentrado en lo que has venido a hacer, la emoción, el temor y la euforia se metamorfosean en una sola emoción. Es una experiencia increíble. Luego, al cabo de unos segundos, con suerte tu paracaídas se abre, como hizo el mío. De pronto te das cuenta de que ha valido la pena. Estás flotando en el aire, contemplando el suelo y la tierra que nunca te pareció tan hermosa. Ves el campo en el que debes aterrizar; ves la manga de viento que te ayuda a calcular tu ángulo de descenso. Todo presenta un colorido brillante y una extraordinaria nitidez. Ves las palancas del paracaídas que te ayudan a girar. Tras realizar unos giros de 360 grados, planeé sin mayores problemas y aterricé sano y salvo. Al cabo de unos momentos, el Cessna tomó tierra. Si no hubiera soltado el montante del ala, el vuelo habría discurrido de forma muy distinta tanto para mí como para el avión, y no para bien.

Actuar con decisión

Aplazar para mañana lo que podemos hacer hoy es contrario a la naturaleza. Como dejó escrito Johann Wolfgang von Goethe, el más grande escritor alemán: «La naturaleza no conoce pausa en el progreso y el desarrollo, y castiga toda indecisión».

En *El vendedor más grande del mundo*, Og Mandino habla de un antiguo manuscrito titulado «Actuaré ahora». En un momento dado, comenta: «La indecisión que me impedía avanzar era fruto del temor y ahora reconozco este secreto extraído del fondo de todo corazón valeroso. Ahora sé que para vencer al temor debo actuar sin titubeos y que la angustia que me atenaza el corazón se desvanecerá. Ahora sé que la acción reduce al león del terror a una simple hormiga».

Con frecuencia el TEMOR no es más que una falsa emoción que parece real. Tanto el temor al fracaso como el temor al éxito pueden vencerse avanzando paso a paso en línea recta y con resolución.

La resolución siempre prevalecerá sobre la inercia y la indecisión. Confucio, el gran filósofo chino, dijo: «Vayas adonde vayas, ve con todo tu corazón».

Emplearse a fondo

La filosofía de emplearse a fondo puede ser particularmente curativa a la hora de definir el éxito personal. Si la medida es *ollin*, es posible ganar con independencia de cuál sea el resultado final.

El corredor y campeón mundial Henry Marsh era el indiscutible favorito para la medalla de oro en los Juegos Olímpicos de 1984 en su especialidad, los 3.000 metros obstáculos. Era prácticamente seguro que subiría al podio, hasta que, pocos días antes de la carrera, contrajo un virus que lo dejó postrado.

La enfermedad lo retuvo en cama, y Henry no podía arriesgarse a tomar siquiera la medicación más suave por temor a ingerir algo incluido en la lista de medicamentos prohibidos para los atletas olímpicos. Guardar cama no es el método más idóneo de entrenarse para la carrera más importante de tu vida.

Henry había dedicado buena parte de su vida a entrenarse para este momento. Tenía treinta años y se hallaba en la cúspide de su carrera de atleta. Lo consideraban el primero del mundo en la carrera de obstáculos, un recorrido de tres kilómetros que da siete vueltas y media a la pista con numerosas vallas, obstáculos y fosos. Durante las pruebas nacionales, en la concentración de la selección para los Juegos Olímpicos, Henry había llegado el primero a la meta y por séptimo año consecutivo había ganado el campeonato de los Estados Unidos. Si alguien estaba destinado a coronar su carrera con unos Juegos Olímpicos, ése era Henry Marsh.

Pero de improviso, en el momento más inoportuno, cayó enfermo. Haciendo acopio de toda su fuerza de voluntad, se levantó de la cama y ganó dos series clasificatorias. En la final de los Juegos Olímpicos, después de mantenerse en cabeza durante siete vueltas, Henry empezó a flaquear. Primero le adelantó un corredor de Kenia, luego un corredor francés y, por último, a pocos metros de la meta, le adelantó su compañero del equipo estadounidense. Henry llegó en cuarto lugar, por debajo del mínimo necesario para obtener una medalla, y en cuanto cruzó la línea de meta, se desplomó en la pista, inconsciente, inmóvil. Los técnicos sanitarios se apresuraron a atenderlo. Henry tardó media hora en recuperarse y ponerse en pie.

Conocí a Henry unos meses después de lo ocurrido, cuando trabajábamos juntos en Franklin. En el despacho tenía merecida fama de ser una persona extremadamente positiva. Su optimismo era contagioso. Nos hicimos buenos amigos, y mis hijos enseguida empezaron a llamarlo «tío Henry.» Guardo unos recuerdos entrañables de los viajes de negocios que hicimos juntos, de las vacaciones familiares que compartimos y de los ratos que dedicamos a hacer ejercicio durante la hora del almuerzo. Henry era el tipo que uno querría tener siempre cerca por su tendencia a ver el lado positivo de las cosas. Cuando me enteré con detalle de lo que le había ocurrido durante los Juegos Olímpicos, le formulé la pregunta obvia: ¿cómo podía seguir siendo tan positivo después de sufrir un contratiempo tan doloroso?

En respuesta a mi pregunta, Henry me contó el resto de la historia. Me dijo que mantuvo una charla consigo mismo antes de la final y se prometió que, si se empleaba a fondo en la carrera, si podía mirarse en el espejo y reconocer sinceramente que no había escatimado esfuerzos, no se machacaría culpándose a sí mismo, al margen del resultado que obtuviera. Había enfermado, pero no podía hacer nada al respecto. Lo único que se había exigido a sí mismo era una entrega total.

—Me sentí satisfecho por haberme empleado a fondo —dijo el hombre que se había desplomado a pocos metros de la meta tras una carrera durísima.

De modo que Henry se negó a machacarse a sí mismo y unirse al coro de personas bienintencionadas que trataron de consolarle (después de aquel suceso Henry recibió miles de notas y cartas de solidaridad) por lo que consideraban una tremenda mala suerte. Pero para Henry era un triunfo, al margen de lo que indicara el marcador. Había participado en una carrera y se había empleado a fondo. Había practicado el *ollin*. Se negaba a obsesionarse con lo que a algunos les parecía un fracaso. Henry lo consideraba una victoria personal.

Gracias a esta actitud, que mantuvo durante la siguiente temporada, Henry ganó otro campeonato de los Estados Unidos en la especialidad de 3.000 metros obstáculos, venciendo, entre otros, al compañero de equipo que lo había adelantado y obtenido la medalla de bronce en los Juegos Olímpicos. Después de lo que algunos consideraban «el mayor disgusto de toda su vida», Henry tuvo su mejor año, en el que alcanzó su objetivo personal de correr una milla en menos de cuatro minutos y estableciendo un nuevo récord nacional en los 3.000 metros obstáculos que nadie superaría durante más de veinte años. Su actitud positiva y su costumbre de entregarse a fondo le han permitido alcanzar el éxito en el mundo de los negocios, donde destaca como entrenador, orador y empresario de márketing multinivel.

Las victorias personales son las más importantes, las que sentimos más profundamente y durante más tiempo. Son los triunfos íntimos que no aparecen en los marcadores ni en los informativos de la noche los que definen quiénes somos. Lo que determina el éxito en nuestra vida es el *ollin*, no la medida convencional de ganar y perder. Si adoptamos eso como definición del éxito, todos podemos ganar siempre.

Jamás retrocedas

¿Has visto alguna vez a un surfista apearse del coche y encaminarse tranquilamente hacia las olas? Cuando estoy en San Clemente, (California), donde se hallan algunos de los mejores lugares para practicar el surf, me divierte observar a los surfistas dirigirse hacia la playa. No caminan. No trotan. No corren. Saltan. Brincan. ¿Por qué? La razón es obvia: están impacientes por llegar, por emplearse a fondo. Nada en la forma en que se encaminan hacia el océano indica indecisión o ambivalencia. No retroceden. No se aproximan al agua con cautela e introducen tímidamente un pie. Personifican el *ollin*.

Ampliar nuestras zonas de bienestar

Uno de mis antiguos mentores, Jim Newman, autor de *Release Your Brakes!* ('¡Suelta el freno!') y uno de los primeros pioneros en el ámbito del desarrollo y potencial humano —un hombre que ha trabajado e influido en líderes de pensamiento tan insignes como Denis Waitley, Brian Tracy, Stephen R. Covey, Lou Tice y Jack Canfield— recalcaba la importancia de desprendernos de lo que parece ser más prudente y seguro para alcanzar nuestras metas más elevadas. Los lugares hacia los que gravitamos y tratamos de aferrarnos los denominaba «zonas de bienestar».

Todos tenemos zonas de bienestar, cosas que nos hacen estar y sentir bien: ropa cómoda, amigos, comida… ¿Qué sueles comer en una cena en la que participan varias personas y cada una de ellas participa aportando algún plato? Probablemente la comida que tú mismo has llevado. ¿Por qué? Porque conoces las manos que la han preparado, el sabor que tiene y que es segura desde el punto de vista higiénico. La ropa que nos hace sentir y estar bien es agradable al tacto y cómoda. Cuando corto el césped de mi casa, me pongo una ropa que compré en Hawái hace veinte años. No es precisamente de marca sino ropa ya vieja y llena de rotos, pero en esos momentos estoy bien, me siento satisfecho de estar cortando el césped de mi casa con una ropa cuyo tacto me es agradable y familiar. Buscamos amigos en cuya compañía estemos bien, y nos alegramos de rodearnos de ellos, evitando correr los riesgos que suponen formar nuevas amistades.

Pero como Jim Newman nos enseñó, gran parte de lo que deseamos y buscamos en la vida que tiene sentido y valor se encuentra más allá del límite de nuestra zona de bienestar. Si no estamos dispuestos a aventurarnos más allá de ese límite, jamás hallaremos ni poseeremos lo que en realidad deseamos. Jamás realizaremos plenamente nuestro propósito. Para alcanzar nuestros objetivos y sueños, para experimentar la vida con todo su colorido, para elevarnos a las alturas soñadas que confiamos alcanzar, debemos ampliar nuestra zona de bienestar. Debemos estar dispuestos a hacer lo que nos resulte incómodo hasta que se convierta en cómodo. Ese avión del que salté en paracaídas me causó un profundo malestar, y cuanto más ascendíamos en el aire, mayor era el malestar que sentía. Pero sólo cuando estuve dispuesto a saltar pude descubrir nuevos horizontes y experimentar una plenitud que jamás habría experimentado de haber permanecido en el interior seguro de ese avión.

Nos arriesgamos… nos esforzamos… nos expandimos… nos empleamos a fondo. No dudamos ni vacilamos. No hacemos las cosas a medias. Nos lanzamos de cabeza. Nos sumergimos en la acción.

Aquellos que practican el *ollin* y amplían su zona de bienestar no abordan la vida como espectadores. Saltan al terreno de juego y participan en él. Asumen el control de su vida. En lugar de considerarse termómetros que dependen del entorno exterior, se consideran unos termostatos, capaces de regular y controlar el entorno que les rodea. Viven las palabras que escribió la poetisa americana Ella Wheeler Wilcox: «No hay azar, destino ni suerte capaces de burlar, entorpecer o dominar la firme resolución de un espíritu determinado».

Dar un giro radical para luego emplearse a fondo

En ocasiones, para emplearnos a fondo debemos dar antes un giro radical. Ello significa abandonar la patología que nos mantiene prisioneros y coger el timón de nuestra vida, por descontrolada que esté, con firme e inmutable decisión.

Nadie tipifica mejor la capacidad de dar un giro radical a su vida como mi fuerte y tenaz amiga Julia Stewart. Julia creció en un ambiente hostil debido a las incesantes peleas de sus padres. Sus reiterados intentos de remediar la situación resultaron inútiles, y las visitas de la policía a su casa eran constantes. La escuela, que para ella había sido un santuario, se convirtió en un avispero de rumores que la herían y humillaban.

Al volverse la vida en su casa cada vez más violenta e insufrible, Julia decidió hacer algo drástico antes de que alguien muriera. El terremoto que necesitaba para huir estaba a su alcance, de modo que una noche tomó un autobús y abandonó su hogar. Después de pasarse tres días dándole vueltas al asunto, Julia regresó con una visión más clara del problema y solicitó y obtuvo ayuda para sus padres, a los que quería mucho.

Pese a ser joven e impresionable, Julia decidió no dejar que sus circunstancias controlaran su vida. Decidió romper con el sufrimiento y el victimismo, pues en su fuero interno sabía que existía otro modo más positivo de vivir y resolver la situación. Esa decisión cambió el curso de su vida: volvió a casa y concluyó sus estudios en el instituto; se puso a trabajar como camarera en una crepería y se costeó sus estudios universitarios y, al acabarlos, regresó al negocio de la restauración y se convirtió en una de las ejecutivas más admiradas y respetadas del sector.

Julia es ahora directora general de HOP, la empresa madre de esa pequeña crepería donde le dieron su primer trabajo, y Applebee's, la mayor cadena de restauración informal del mundo. Su estilo de liderazgo es legendario. Julia tiene muy en cuenta a sus empleados con los que siempre es muy receptiva a sus necesidades. Sabe que en la vida no se trata de lo que te ha ocurrido, sino de cómo utilizas lo que te ha ocurrido. Sabe que si uno se atreve a dar un giro radical, después podrá emplearse a fondo.

Ollin nos ofrece el medio de escapar de una situación negativa. Uno no puede vencer el abuso o la adicción a las drogas, la obesidad o el endeudamiento sin hacer un cambio radical. No puede hacer un tímido intento. Tiene que emplearse a fondo. Sea lo que sea, cuando uno decide la dirección que desea seguir, tiene que entregarse a ello con todo su corazón, su voluntad, su mente y sus fuerzas.

El *ollin* no es algo que uno practica a ratos o que hace de vez en cuando o siempre que le conviene. Es algo que se practica cada día. Es un hábito, un hábito vital que proporciona unas recompensas extraordinarias. *Hábito*, según aprendí del maestro de las palabras, proviene del latín *habitus*, que significa 'vestido' o 'traje'. Un hábito no es algo que uno hace, sino algo que uno tiene o posee, algo que antaño uno se ponía cada día.

Si no puedes caminar, puedes nadar

Un día, en ese sendero junto a la playa por el que me gusta pasear y observar a los apasionados surfistas, al doblar una esquina estuve a punto de llamar a la policía con el móvil. Tuve la impresión de ver a un narcotraficante arrojar un cadáver al mar.

Allí, en el agua salada, donde la marea se une con la arena, contemplé incrédulo a un hombre sacar a una mujer de una silla de ruedas, arrojarla al agua y retroceder hacia la orilla empujando la silla vacía. Pero antes de que yo pudiera reaccionar, el hombre corrió a reunirse con la mujer que estaba en el agua y empezaron a nadar juntos mar adentro. Los observé como hipnotizado mientras se dirigían a nado hacia el extremo del muelle de San Clemente, aproximadamente a unos quinientos metros de la orilla. De vez en cuando veía asomar a través de la superficie sus aletas, iluminadas por los rayos del sol.

Decidí aguardar a que regresaran a la orilla para conocerlos, sin imaginar que tendría que esperar un buen rato. Durante más de una hora el hombre y la mujer surcaron las olas del océano, hasta llegar al extremo del muelle, tras lo cual regresaron. Nadaban con movimientos potentes pero metódicos, como si no tuvieran prisa alguna.

Por fin regresaron a la orilla, y observé al hombre encaminarse a través de la arena hasta donde había dejado la silla de ruedas (que tenía ruedas hinchables) y volver a empujarla hasta la orilla, donde se reunió con la mujer, que había concluido su baño en el mar, y con la misma pericia con que la había depositado en el agua salada, la ayudó a instalarse de nuevo en la silla. A continuación el hombre condujo a la mujer sentada en la silla de ruedas hacia el sendero de la playa. Tras acercarme y presentarme, tuve por fin la oportunidad de conocer su historia.

Dijeron que se llamaban Richard y Mary y me contaron que venían casi todos los días a nadar en esa playa. Según me contaron, el motivo de la silla de ruedas, y la poco ceremoniosa entrada de Mary en el mar, se debía a que hacía dos décadas los médicos le habían diagnosticado esclerosis múltiple, una enfermedad que incapacita atacando el sistema inmunológico y que hace que los músculos se atrofien progresivamente.

Pero aunque Mary no pudiera andar con facilidad, podía flotar sin mayores dificultades. Siempre había sido buena nadadora y la natación era su deporte favorito. En el mar, su esclerosis múltiple no podía detenerla. Lo más complicado era introducirla en el agua. Ahí intervenía Richard. Era el taxi acuático de Mary. Richard me explicó que Mary y él llevaban más de diez años viniendo a esa zona del muelle para nadar, y que había aprendido a depositarla con cuidado en el agua, a poca profundidad, empujar de inmediato la silla hasta dejarla a unos metros de la orilla y reunirse luego con Mary para ayudarla a orientarse y nadar con ella alrededor del muelle.

Richard me aseguró que yo no era la primera persona que había presenciado la insólita botadura.

Para Richard y Mary, el baño en el océano constituía una parte importante de su vida. Hacía que el cuerpo de Mary se mantuviera activo, según me explicó ésta, contribuía a mantener su esclerosis múltiple bajo control y estimulaba su energía. Además, hacía que Richard se mantuviera en contacto con la mujer que amaba y de paso se obligaba a hacer un ejercicio que también le convenía.

El hecho de que una ola les hubiera derribado en su vida no les había impulsado a refugiarse en su hogar seguro, correr las cortinas, meterse en la cama y permanecer allí. No se habían convertido en víctimas. Ni Richard ni Mary estaban abonados a la autocompasión.

—No podía quedarme todo el día encerrada en casa y llorar cada noche hasta quedarme dormida —me dijo Mary—. Creo que todos tenemos una misión, y no estaba dispuesta a dejar que eso me impidiera cumplir con la mía.

La respuesta de Mary y Richard al problema de la esclerosis múltiple no fue rendirse, sino entregarse con más empeño que nunca. Se negaban a ser unos meros espectadores. El aire complacido que mostraban al dar por finalizado su su baño cotidiano en el mar reflejaba una satisfacción y deleite con la vida que sólo irradian las personas que están firmemente empeñados en vivir con plenitud.

Las palabras *ollin* y *pasión* constituyen dos caras de la misma moneda. Son compañeros, unidos inexorablemente. Juntos producen unos resultados asombrosos. Cuando elegimos aquello por lo que estamos dispuestos a sufrir, y lo que estamos dispuestos a hacer para alcanzar nuestros deseos, el mundo se abre ante nosotros. Como sabían bien los antiguos aztecas, cuando te sacude un terremoto tienes que moverte sin dilación. Tienes que practicar el *ollin*.

➤ PENSAMIENTOS QUE ANOTO EN MI CUADERNO SOBRE
Ollin

Emplearse a fondo significa comprometerse hasta el final.

El ollin no es algo que uno practica a ratos o cuando le conviene.

Dorothea Brande escribió: «Lo único que se necesita para romper el maleficio de la inercia y frustración es esto: actuar como si uno no pudiera fallar. Ese es el talismán, la fórmula, la orden de emprender un cambio radical que hace que pasemos del fracaso al éxito».

¿Que qué me motiva?

¿Qué hace que sienta que estoy dando lo mejor de mí?

¿Qué objetivo, idea, relación personal, trabajo o sueño hace que desee ponerme a correr y saltar y emplearme a fondo?

¿Qué ocurriría si decidiera emplearme a fondo en mi matrimonio, mi salud, mi carrera, mis estudios, mi economía, mis relaciones personales?

Magnum es una voz latina que significa 'grande'. Opus significa 'obra'. ¿Cuál es mi gran obra, mi magnum opus?

Debo emplearme sin reservas en la realización de mi gran obra. Si hago cinco cosas positivas cada día con el fin de conseguirlo, lograré alcanzar mi objetivo. Supongamos que asesto cada día cinco hachazos a un árbol. Por grande y resistente que sea, el árbol acabará cayendo.

Cuando actúo como si no pudiera fallar, unas fuerzas invisibles acuden en mi ayuda y desarrollo lo que los aztecas denominaban un «corazón de ollin».

IDENTIFICA Y HONRA A UN PRACTICANTE DE
Ollin

ELIGE a alguien que conozcas cuya conducta refleje mejor los principios del *ollin*.

ESCRIBE el nombre de esa persona en el recuadro inferior.

TIENDE la mano a esa persona, explícale el significado de *ollin* y por qué personifica ella esta palabra.

11

Integridad

*Vivir una vida íntegra
empieza por hacer y cumplir promesas,
hasta que toda la personalidad humana, los sentidos,
el pensamiento, los sentimientos y la intuición
quedan integrados y armonizados.*

Stephen R. Covey

Acababa de poner la cazuela de gachas de avena sobre el fuego de la cocina cuando oí que el teléfono sonaba en mi despacho. Cuando regresé a la cocina, después de atender la llamada, comprobé que las gachas se habían quemado y la cazuela estaba chamuscada. Mi hija de once años, Sharwan, que era la encargada de lavar los platos ese día, me miró preocupada.

—No te preocupes por la cazuela —le dije—. Yo la he quemado y yo la lavaré. Tú friega los demás cacharros, y esta noche me ocuparé de dejar la cazuela bien limpia.

A la mañana siguiente Sharwan entró en mi habitación con la cazuela chamuscada y expresión perpleja.

—Papá, me prometiste que la lavarías —dijo—. Estás escribiendo un libro sobre palabras, pero tú no has cumplido la tuya.

La acusación me dolió como sólo una acusación ingenua puede hacerlo. ¡A saber cuántas veces habría prometido algo sin pensarlo y había defraudado a la otra persona! Me disculpé y lavé de inmediato la cazuela. En ese mismo instante. No esperé al día siguiente. Hice lo que habría hecho cualquier padre que había metido la pata: me levanté de inmediato y lavé la cazuela, decidido a que la próxima vez cumpliría mi palabra.

Estaba claro que debía esmerarme en mejorar mi integridad.

Entero y completo

Pocas palabras encierran un significado más profundo que *integridad*. La definición moderna y popular es 'ser honrado y creer en unos firmes principios morales', pero sus raíces son más hondas.

Integridad viene del latín *integer* que, como el lector recordará de las matemáticas elementales, se refiere a un número entero. La integridad de nuestra palabra significa que nuestra palabra es 'entera' y 'completa'. No es sólo una parte de nuestra palabra. No es una fracción de nuestra palabra. No es dos tercios, ni tres cuartos, ni nueve décimas de nuestra palabra. No es 'entera' y 'completa' sólo a ratos. Ser enteros y completos con nuestra palabra significa vivir el cien por cien de nuestra palabra, el cien por cien del tiempo.

La integridad auténtica es el rasgo más raro. No se alcanza ni se mantiene con facilidad. Es una cualidad muy admirada que aporta un extraordinario mérito y valor a nuestra vida.

Uno de los mayores elogios que pueden hacernos es el de considerarnos «una persona absolutamente íntegra.»

Sine cera

En la antigua Italia, los escultores poco escrupulosos ocultaban los defectos de sus obras llenándolos de cera, presentando unas esculturas que no eran lo que parecían ser. La cera al poco tiempo se derretía o desprendía, revelando el defecto tanto en la obra como en el artista. Los artesanos auténticos empezaron a identificar sus obras grabando en todas ellas unas palabras en latín: *sine cera*. *Sine* es 'sin', y *cera* significa 'cera'. Una escultura 'sincera' era una obra hecha 'sin cera'. El sello de autenticidad tranquilizaba a los clientes con respecto a su adquisición.

Vacuo o sagrado

Cuando nos sentimos cómodos con quienes somos, dejamos de sentirnos incómodos sobre quienes no somos. Cuando honramos la promesa que nos hacemos a nosotros mismos y a otros estamos en sintonía con la creación. Cuando estamos en sintonía con nuestra palabra, creamos una vida de abundancia y plenitud.

Cuando estamos en sintonía con nuestra palabra, estamos en sintonía con el mundo.

Las palabras de William Shakespeare resuenan con un eco intemporal: «Ante todo, debemos ser sinceros con nosotros mismos, de lo que se deduce, con meridiana claridad, que no debemos ser falsos con nadie».

Cuando tratamos en vano de engañarnos, comprometemos y complicamos quienes somos, y al hacerlo nos convertimos en una fracción de lo que podemos ser.

Integridad significa 'llevar una vida íntegra'. Es una integridad que aporta las bendiciones de la simplicidad y la armonía a nuestra vida. *Bendecir* es 'consagrar', es decir, 'hacer sagrado a algo o alguien'. Cuando somos íntegros nuestro sendero deviene un sendero sagrado. Por el contrario, cuando no somos íntegros, nuestro sendero deviene un sendero vacuo, vacío, falto de contenido. Nosotros también devenimos vacuos cuando elegimos ser sólo una parte de quienes somos en realidad.

Un gigante

Uno de los auténticos gigantes de mi vida fue mi jefe de exploradores, Lester Ray Freeman. Medía apenas un metro cincuenta de estatura, y aunque a los doce años, cuando yo era explorador, ya era mucho más alto que él, la importancia decisiva que Ray tuvo sobre mi vida no puede medirse con una simple regla.

Ray, el jefe de exploradores, organizó el primer seminario de desarrollo humano al que asistí. No lo organizó en el salón de baile de un hotel o en la sala de juntas de una corporación, sino en su entorno favorito, al aire libre. Ray me enseñó a sobrevivir y cuidar de mí mismo cuando estaba expuesto a las fuerzas de la naturaleza. Me enseñó a fijarme una meta, a apuntar hacia un objetivo y ayudar a otros a hacer otro tanto. Ante todo, Ray encarnaba con claridad cómo sentirse satisfecho de quien eres y quien estabas destinado a ser.

Ray nació con unas extremidades desproporcionadas, una condición genética que hizo que los huesos de sus brazos y piernas fueran más cortos y gruesos de lo normal. Por eso su estatura no se desarrolló con normalidad. De niño solía ser objeto de burlas y Ray se refugiaba a menudo en la naturaleza. De joven solía pasar cada año unos días en las montañas con su padre, que era pastor, ayudándole a cuidar del rebaño de ovejas. Ray era un entusiasta del aire libre, pues los grandes espacios abiertos renovaban su espíritu y restituían su autoestima. Vivía las trascendentes palabras de John Burroughs: «Me acerco a la naturaleza para que me alivie y me sane y para poner en orden mis sentimientos». Aprendió que la madre naturaleza, como observó Burroughs, enseña más que predica, y a través de una profunda observación comprendió que todas sus creaciones son únicas y singulares, que no existe un molde perfecto. Mientras Ray seguía al rebaño y se movía a través de la naturaleza, la naturaleza se movía a través de él. En su alma penetró la sensación de formar parte de los grandes espacios abiertos y una aceptación incondicional. Su santuario en las montañas sirvió para enseñarle que la naturaleza no excluye a nadie, y esta percepción le permitió descubrir su auténtico yo, ser quien estaba destinado a ser.

Su peregrinaje anual al monte continuó después de convertirse en jefe de exploradores, pues conocía de primera mano los beneficios sanadores de la madre naturaleza. Sabía que el hecho de salir al exterior nos ayudaría a nosotros a entrar; al igual que Ray se había encontrado a sí mismo en sus momentos íntimos de soledad, nosotros también nos encontraríamos a nosotros mismos.

Ray nos trataba con tal respeto y dignidad, que todos le admirábamos y considerábamos un gigante pese a su corta estatura.

Trabajaba de albañil en una fábrica de acero. Sus brazos cortos y musculosos eran tan fuertes como el de cualquier hombre que he conocido. Sus compañeros le llamaban *Tapón*, un apodo que él aceptaba sin rencor.

—Uno debe vivir con lo que tiene —recuerdo que nos decía—. No tiene sentido llorar y desesperarse por lo que no tienes. No sirve de nada. Yo no tengo las piernas largas. ¿Y qué? —solía decir.

Ray sonreía y decía que era el único empleado de la fábrica que no tenía abolladuras ni arañazos en su casco.

—Sé tú mismo; no trates de ser otra persona —nos decía—. Y confórmate con eso. Yo nunca he tratado de ser otra persona distinta de la que soy.

Ray colocaba siempre el listón un poco más alto para mí y el resto de exploradores de nuestro grupo. Me enseñó que yo podía hacer y ser más. Había leído en alguna parte que en los Estados Unidos los *boy scouts* aparecían clasificados en una lista que enumeraba a los cincuenta primeros grupos. Nos dijo que nosotros podíamos figurar en esa lista si nos empeñábamos, y al cabo de un año nuestra pequeña banda de pillos alcanzó el puesto cuarenta y siete en el país dentro de nuestra categoría.

Ser quien eres

Durante más de un cuarto de siglo le perdí la pista a Ray. En el ínterin, emprendí mi carrera y fundé una familia. Un día, mientras pensaba en las personas que habían causado el impacto más profundo en mi vida, su nombre apareció en la cabeza de la lista. Me pregunté si aún vivía y decidí tratar de localizarlo. Llamé para informarme de su paradero en la ciudad en la que Ray solía residir. Unos segundos después de conseguir su número de teléfono, llamé y me respondió el contestador automático. Dejé un mensaje. Al día siguiente, mi esposa Sherry se acercó corriendo con el teléfono inalámbrico y dijo resollando:

—Es tu jefe de exploradores, Ray Freeman, el tipo del que me has hablado desde hace veinte años.

Me apresuré a acercarme el teléfono a la oreja. Sintiendo que el corazón me latía aceleradamente, me aclaré la garganta y saludé al hombre que me había enseñado a hacer cosas que ni yo sospechaba que pudiera hacer.

Oí la resonante voz de Ray al otro lado del hilo telefónico.

—¡Kevin Hall! ¿Cómo estás?

—Perfectamente, Ray —respondí—. Me alegro mucho de que me hayas llamado. Ha pasado tanto tiempo que decidí tratar de localizarte. ¿Dónde vives ahora?

Ray contestó con una sonora carcajada.

—¡Donde he vivido siempre, Kevin, hijo mío! ¡En la misma calle, la misma casa en la que he vivido durante los últimos cuarenta y cinco años!

Era el Ray de siempre. El auténtico Ray. No había cambiado en absoluto. Sabía quién era y dónde estaba.

Quedamos en vernos en su casa. Unos días más tarde, cuando me acerqué a ella, comprobé que circulaba por la misma calle por la que había pasado en bicicleta centenares de veces y sentí unas emociones que me resultaban familiares. Aquí, en la casa de Ray, había pasado un sinfín de horas perfeccionando las habilidades necesarias para convertirme en un *Eagle Scout*, el grado más elevado en la organización de *boy scouts* en los Estados Unidos. Cuando eché a andar por el camino de acceso a la casa, los recuerdos afloraron a mi mente. Recordé a Ray navegando en un bote junto a mí, por si me congelaba durante la milla que debía hacer a nado; a Ray entrando en nuestras tiendas de campaña cada noche para cerciorarse de que estábamos bien; a Ray cuidando de mí cuando me pillé la mano en la puerta de un camión y casi caí en estado de *shock* en un campamento en la cima de una montaña. Neva, su esposa durante cincuenta años, me abrió la puerta y me hizo pasar. Cuando entré en su modesta casa, se me ocurrió que parecía mucho más pequeña que cuando yo era un niño. Ray estaba sentado en el rincón, exhibiendo aún su gigantesca personalidad, sujetando algo con sus musculosas manos. Tras levantarse y saludarme con un fuerte apretón de manos, me entregó, con una sonrisa de oreja a oreja, una preciosa escena de la naturaleza que había tallado en madera. Nada más lógico, pensé, que el hombre que sabía tallar y moldear con delicadeza las aristas de los chicos a su cargo hiciera ahora lo mismo con unos toscos pedazos de madera.

—Toma, Kevin. Es para ti —dijo con ojos chispeantes.

—No puedo aceptarlo, Ray. Debes de haber tardado muchas horas en tallarlo —protesté.

Ray ladeó la cabeza y dijo alegremente:

—Lo que me sobra es tiempo. Es lo único que puedo dar. Anda, acéptalo si no quieres herir mis sentimientos.

Acepté humildemente el regalo y me senté en el sofá junto a la estufa en la que ardían unos leños, en esta pintoresca sala de estar de la casa que Ray había construido tabla a tabla con sus propias manos. Juntos recordamos los más de veinte años en que había ejercido de jefe de exploradores. Le recordé que solía ocultarse detrás de los matorrales para asustarnos y rociarnos con agua, y despertarnos por las mañanas rugiendo como un oso.

—No es culpa mía —protestó Ray—. Creo que nunca me hice adulto.

Me indicó que entrara en el cuarto de invitados que utilizaba como despacho. Abrió un cajón de su mesa y dijo:

—Aquí están los historiales de todos los chicos que pasaron por mi grupo de exploradores.

Le miré, incrédulo.

—¿Qué? Pasaron centenares de chicos por tu grupo de exploradores. ¿Es posible que conserves los historiales de todos?

—Conservo el historial de todos y cada uno —respondió Ray—. Anoté en ellos cada objetivo, cada progreso, cada hito importante en la vida de cada uno de esos chicos.

Ray tomó uno de los últimos de la pila y dijo:

—Aquí tienes tu historial, Kevin.

En su interior había un dibujo que yo había hecho de niño. Una prueba empírica de que Ray Freeman me había acompañado durante todo el camino. Sabía quién era yo, hacia dónde debía ir y lo que debía hacer. Era el descubridor del sendero por excelencia. Durante los veinte años en que había ejercido el cargo, había visto a más de cuatro docenas de chicos convertirse en *Eagle Scouts*, un número prodigioso para cualquier jefe de exploradores.

En mi época de *boy scout* Ray Freeman me enseñó cuanto yo debía saber sobre la integridad. Me enseñó a trabajar en equipo, cumplir mi palabra, estar preparado, resolver problemas e innovar junto con otros. Cuando abandoné la casa de Ray y subí al coche, Ray se despidió de mí agitando la mano desde el porche. Detrás de él estaba su esposa, que era un palmo más alta, y al igual que cuando yo era un niño, me sorprendió de nuevo la estatura de Ray. Ocurría siempre: después de hablar con él durante cinco minutos, ya no te dabas cuanta de que Ray no era precisamente el hombre más alto del mundo, sino que tenías la sensación de que era un gigante.

Eché un último vistazo al hombre más íntegro que jamás había conocido y recordé que cuando miras a una persona íntegra, lo que ves siempre es la realidad. Ray es totalmente coherente siendo quien es. Es un hombre entero, auténtico, completo. Íntegro. No es de extrañar que viera integridad en todas las personas que le rodeaban.

Oscar Wilde lo expresó de forma magistral: «Sé tú mismo. Los demás ya están cogidos».

Todo en su lugar

El lema de los *boy scouts* es «siempre listos». Los franceses tienen una expresión similar, *mise en place* que significa 'colocar cada cosa en su sitio'. Cuando los chefs franceses se disponen a preparar uno de sus platos emblemáticos, no comienzan hasta no haber reunido todos los ingredientes e instrumentos que necesitan. Toda la cocina está organizada: las especias, los cuchillos adecuados, los utensilios de cocina, las tazas de medir. Jamás improvisan. Todo está perfectamente medido y dispuesto de forma ordenada para que, cuando llegue el momento de ponerse manos a la obra, estén listos para hacerlo. Conocen la importancia de cada elemento y saben lo desastroso que es omitir algún detalle.

En la vida, los problemas empiezan cuando no estamos listos ni tenemos preparado lo que necesitamos utilizar. Cuando no estamos listos, debemos prepararnos para el fracaso. Cuando hacemos las cosas a medias, cuando tomamos un atajo o tratamos de salir del paso sabiendo que nos falta una pieza o hemos omitido un elemento, nos exponemos a fracasar.

¿Cuántos atajos hemos tomado que nos han ahorrado realmente tiempo? Sin embargo el mundo está lleno de promesas y atajos superficiales. Un día, al pasar frente a un quiosco de prensa, me fijé en estos titulares: «¡Salde sus deudas en 3 meses!», «¡Pierda barriga en 12 días!», «Un plan de belleza de 10», «¡Recupere su salud y energía en 1 hora!» «¡Hágase rico en poco tiempo!» Una revista de golf prometía: «¡Perfeccione el golpe con efecto a la derecha en 10 segundos!» Esa contaminación de superficialidad está por doquier, anunciando remedios milagrosos y una gratificación instantánea. Eclipsa las lecciones simples, claras y silenciosas de la naturaleza. La naturaleza no toma atajos. No se salta las estaciones. No ofrece unos resultados instantáneos. Para poder cosechar hay que sembrar. Es una regla que no admite excepciones.

Desde luego, es tentador obtener lo que deseamos en el momento en que lo deseamos, pero eso no es integridad. La integridad es la suma de todas las partes, y los atajos no comprenden todas las partes. La integridad es una combinación de tiempo, esfuerzo, coherencia y resolución.

Una vida íntegra significa también aceptar y abrazar la ayuda, el apoyo psicológico y el consejo de los demás. En tecnología, un circuito integrado combina todos los componentes necesarios en un elemento. Cuando conectamos con otros y compartimos nuestros puntos fuertes, creamos un circuito integrado que recorre nuestra vida.

Juntos podemos hacer mucho

Un ejemplo de circuito integrado humano es el equipo formado por padre e hijo de Patrick John Hughes y Patrick Henry Hughes. Conocí a los dos Pats en el circuito de oradores.

Patrick Henry Hughes nació sin ojos y con un tensamiento en las articulaciones que le impedía estirar los brazos y las piernas. Ciego y minusválido, el chico no parecía tener un gran futuro. Pero cuando fue lo bastante mayor para que lo sentaran en la banqueta del piano del salón de los Huhges, sus padres descubrieron algo asombroso: el niño, que a la sazón tenía un año, era capaz de tocar unas melodías casi al instante de haberlas escuchado. Lo que era aún más prodigioso: un año más tarde, a la tierna edad de dos años, el niño tocaba las piezas que le pedían.

A partir de entonces Patrick y Patricia Hughes decidieron proporcionar a su hijo todas las oportunidades para que desarrollara su talento musical. Cuando Patrick se graduó en el instituto de su ciudad natal de Louisville (Kentucky), su fama ya le precedía, y el director de la banda musical de la Universidad de Louisville le ofreció un puesto en la misma.

Patrick se sintió halagado de que le pidieran que formara parte de la banda, y a la vez desconcertado.

—¿Cómo voy a marchar al son de la música? —preguntó.

Ahí fue donde intervino su padre.

El director de la banda ideó una solución para que Patrick tocara la trompeta sentado en su silla de ruedas, mientras su padre le conducía alrededor del terreno de juego. Padre e hijo se convirtieron en un miembro bicéfalo de la banda musical de Louisville. Cada vez que había un partido, ocupaban su lugar correspondiente, al igual que los demás integrantes de la banda. El espectáculo que dos personas podían dar actuando como una sola sirvió de inspiración a todos. Después de los partidos, Patrick recibía tantas felicitaciones de los hinchas, que corrían a chocar los cinco con él, como los futbolistas.

Tocar en la banda musical no es el único logro de Patrick. Sus padres le han ofrecido todas las oportunidades que podían para ayudarle a hallar su camino y propósito en la vida. Patrick ha interpretado su música en estadios como el Grand Ole Opry de Nashville y el Kennedy Center de Washington y ha escrito un libro, *I Am Potential* ('Soy potencial'), en el que narra con todo detalle la satisfacción que experimenta al poder expresar sus dones.

—No tengo una discapacidad, sino más capacidades —dijo en cierta ocasión al entrevistador de una cadena de televisión nacional—. Dios me hizo ciego e incapaz de caminar. ¿Y qué? Me dio las dotes musicales que tengo y la gran oportunidad de conocer a mucha gente.

Los Hughes ejemplifican el poder y la fuerza que se desarrolla cuando las diversas partes de una unidad, en su caso una unidad familiar, se unen para producir algo que de lo contrario sería imposible. Helen Keller, que transitó por un sendero semejante al del joven Patrick muchos años antes, reconocía que «solos podemos conseguir muy poco; juntos podemos hacer mucho».

Es asombroso lo que ocurre cuando un grupo se moviliza por una causa común. Yo mismo fui testigo de un extraordinario ejemplo de ello cuando uno de mis socios en la empresa de hostelería, Billy Shore, formó una organización de restauradores en todo el país. Decidieron emprender colectivamente la misión de empezar a poner fin al hambre infantil. Cada noche en los Estados Unidos y en todo el mundo millones de niños se acuestan hambrientos. Era un reto tan noble como difícil. Pero estos líderes empresariales sabían que cada día se desperdicia gran cantidad de comida en su propio sector. Así pues, idearon un plan para llevar el excedente de comida y distribuirlo a niños necesitados. Asimismo, organizaron unos eventos denominados «El sabor de la nación», que consistían en utilizar sus dotes culinarias con el fin de recaudar fondos para adquirir más alimentos y distribuirlos entre los necesitados. Durante los cuatro primeros años, la organización Share Our Strength ('Comparte nuestra fuerza') ha servido más de cuarenta millones de comidas a niños hambrientos. Desde entonces, la cifra ha ido aumentando de año en año. Billy sabía que él solo no conseguiría gran cosa, pero al conectar con otros ha logrado dar de comer a millones de niños que, de lo contrario, se habrían acostado hambrientos.

Un equipo integrante

No estamos destinados a transitar solos por nuestro sendero. En capítulos anteriores hemos recalcado la importancia de reconocer a las personas que aparecen en nuestro sendero para ayudarnos a encontrar y llevar a cabo nuestro propósito. Identifica a esos descubridores clave del sendero y forma con ellos un consejo de asesores privado a quienes puedas consultar para que te aconsejen y guíen. A menudo los talentos, los puntos fuertes y las experiencias de estos asesores suplen nuestras debilidades e inexperiencia y nos ayudan a concentrarnos en nuestros puntos fuertes.

Napoleon Hill nos enseñó que «las personas asumen la naturaleza y los hábitos del poder a través de aquellos con quienes tratan en un espíritu de simpatía y armonía... Dos mentes no pueden unirse sin crear a partir de ello una tercer fuerza invisible e intangible equiparable a una tercera mente».

Podemos comenzar en el punto culminante de la curva de aprendizaje y establecer un poder personal en nuestra vida pidiendo a quienes forman nuestro consejo de asesores privado que nos ayuden a identificar y desarrollar nuestros puntos fuertes. Ellos nos propondrán ideas, sugerencias y planes para ayudarnos a alcanzar nuestros objetivos y un propósito claro en la vida.

Crear un equipo integrante significa rodearnos de personas que crecen, mejoran, aprenden y ejercen una influencia positiva. El emprendedor y conocido orador Jim Rohn nos recuerda que «nosotros somos el promedio de las cinco personas con las que pasamos más tiempo».

Cuando unas fuerzas se integran, la totalidad del equipo será siempre mayor que la suma de sus partes, que es la definición última de la sinergía. Cuando todo el mundo contribuye, se producen cosas asombrosas.

➤ PENSAMIENTOS QUE ANOTO EN MI CUADERNO SOBRE
Integridad

Ralph Waldo Emerson dijo: «No encuentro un lenguaje que contenga la suficiente energía para transmitir mi sensación de lo sagrada que es la integridad privada».

Sagrado viene del latín *sacrare*, que significa 'consagrar y hacer santo'.

Privado viene del latín *privatus*, que significa 'pertenecer a uno mismo'.

Una vida de auténtica integridad comprende lo privado y lo sagrado. La integridad y lo sagrado se han convertido en mis constantes compañeros.

Tengo un propósito noble: elegir vivir cada día con excelencia.

Thomas Edison dijo: «Si hiciésemos todas las cosas que somos capaces de hacer, nos asombraríamos».

¡Ha llegado el momento de asombrarnos!

¡Ha llegado el momento de realizar tu potencial!

¡Ha llegado el momento de empezar a vivir con un propósito!

IDENTIFICA Y HONRA A UNA PERSONA CON
Integridad

ELIGE a alguien a quien conozcas que personifique la integridad.

ESCRIBE el nombre de esa persona en el recuadro inferior.

TIENDE la mano a esa persona, explícale el significado de *integridad* y por qué personifica esta palabra.

TARDES CON ARTHUR

Yo tenía algo que estaba impaciente por mostrar a Arthur. Representaba los últimos cuatro años y medio de mi vida, un viaje que había comenzado de repente, sin previo aviso, en las calles de Viena. Allí, en el corazón de Europa, un hombre sabio de la India me había hablado sobre *genshai*, un término al que yo calificaría de palabra secreta, pues me indujo a ir en busca de los secretos que encierran otras palabras y de aquellas que podían ayudarme a descubrir el poder secreto de las palabras.

Esa búsqueda me había conducido hasta este maestro de las palabras, un hombre sabio y rebosante de vitalidad, que me había enseñado que existen unas palabras que nos ayudan a encontrar nuestro sendero.

Saqué de mi maletín un grueso manojo de folios. Era mi manuscrito. Contenía las palabras que encabezan los once capítulos de este libro: *Genshai*. Descubridor del sendero. *Namasté*. Pasión. *Sapere Vedere*. Humildad. Inspirar. Empatía. *Coach. Ollin*. Integridad.

Había comentado cada palabra con Arthur, y éste había amplificado cada palabra con su extraordinaria sabiduría y percepción.

Arthur tomó con sus grandes manos el manojo de folios, mostrando en su curtido rostro una expresión de infantil curiosidad. ¡Un regalo de palabras! Para Arthur era como si fuese la mañana del día de Navidad.

Pasó la página del título y empezó a leer el primer capítulo.

—Esto es maravilloso —dijo—. Estoy impaciente por leerlo de principio a fin. Empezaré esta noche. Gracias, Kevin.

Me alegré de que fuera a leerlo, pero al mismo tiempo me sentí un tanto inquieto. Regalar al maestro indiscutible de las palabras un libro que versa sobre palabras no deja de ser un ejercicio de humildad.

—Es el borrador y sé que contiene errores... —dije para quitarle importancia.

Pero Arthur despachó mis protestas con un ademán y siguió contemplando el manuscrito.

—Seguro que es magnífico —dijo—. Estoy convencido de que has escrito tu mejor obra.

Estando yo sentado en la habitación individual de Arthur —una habitación que, al cabo de noventa y tres años de una vida tan rica, variada y viajada, ahora alojaba todas sus posesiones materiales—, pensé en la invariable amabilidad y paciencia que Arthur me había mostrado en todo momento. Incluso cuando me retrasaba, que era las más de las veces, Arthur era la viva imagen de la cortesía y la comprensión. Caí en la cuenta de que la historia de su vida se reflejaba en las palabras de este libro.

GENSHAI: *Nunca menosprecies a nadie*. Desde los otros residentes de Summerfield Manor hasta sus invitados, familiares y amigos, Arthur jamás trata a nadie de forma despectiva. Hace que te sientas la persona más importante de la habitación.

DESCUBRIDOR DEL SENDERO. *Líder*. Al igual que si tuviera la oreja pegada literalmente al suelo, Arthur lee indefectiblemente los signos y las pistas que revelan el secreto de las palabras.

NAMASTÉ: *Saludar lo divino que llevamos dentro*. Arthur hace todos los días lo que hace de forma magistral.

PASIÓN. *Sufrir por lo que más amas.* Arthur ama las palabras, y ama a su familia, y consagra encantado su vida a sufrir por ambas cosas.

SAPERE VEDERE. *Saber ver.* Incluso a su avanzada edad, medio sordo y con la vista debilitada, su capacidad de percepción sigue siendo 20—20.

HUMILDAD. *Dejarse guiar y enseñar.* Arthur conoce un sinnúmero de palabras en múltiples idiomas, pero cada día pega una nueva en el espejo para aprenderla.

INSPIRAR. *Insuflar vida en los demás.* Cada vez que entro en su habitación, Arthur nos insufla vida a mí y a mis sueños.

EMPATÍA. *Transitar por el sendero de otro.* Debido a su amor por el lenguaje y por sus semejantes, Arthur posee una capacidad infinita para compenetrarse con los demás.

COACH. *Transportar a otros.* Con sus breves charlas culturales que ofrece cada jueves por la tarde, Arthur transporta a los otros residentes de Summerfield Manor alrededor del mundo.

OLLIN. *Avanzar con todo tu corazón.* Durante toda su vida Arthur ha sacado el máximo provecho de sus dones y se ha empleado a fondo.

INTEGRIDAD. *Entero y completo.* La obra de toda su vida refleja integridad.

Miré de refilón a Arthur mientras él seguía hojeando el manuscrito. Comprendí que la brillante sabiduría de mi maestro había transformado para siempre las palabras en mi mente. Comprendí que Arthur es uno de los grandes dones que he recibido en mi vida.

Saqué de mi maletín otro libro, mi cuaderno de descubridor del sendero.

—Sería un honor para mí que firmaras esto —le dije ofreciéndole mi Libro de los Grandes.

Arthur tomó mi pluma sin vacilar y estampó su firma.

El Maestro de las Palabras

Los maestros en el arte de vivir no hacen distinción alguna
entre su trabajo y su diversión, sus esfuerzos y sus momentos de
ocio, sus mentes y sus cuerpos, su información, su esparcimiento,
su amor y su religión. Apenas diferencian una cosa de otra;
se limitan a perseguir su visión de excelencia en todo cuanto hacen, dejando para otros la tarea de decidir si trabajan o juegan.

James A. Michener

El Libro de los Grandes

Al final de cada uno de los once capítulos de este libro has hecho una lista de las personas que personifican la palabra identificada en dicho capítulo. Utiliza ahora esos nombres para iniciar tu propio y personal Libro de los Grandes, un registro de todas las personas que han enriquecido tu vida.

Hónralas y reconócelas pidiéndoles que firmen junto a la palabra que las representa.

Encontrarás unas páginas adicionales para escribir más nombres, pues tu Libro de los Grandes aún no está lleno. Aparecerán otros para ayudarte a encontrar tu sendero y cumplir tu propósito. Añádelos a medida que aparezcan.

Recuerda, se trata de un viaje.

El Libro de los Grandes

Maestro de las Palabras _Arthur R. Watkins_

Genshai ————————————————————————

Descubridor del sendero ————————————————

Namasté ————————————————————————

Pasión ————————————————————————

Sapere vedere ————————————————————

Humildad ————————————————————————

Inspirar ————————————————————————

Empatía ————————————————————————

Coach ————————————————————————

Ollin ————————————————————————

Integridad ————————————————————————

El Libro de los Grandes

El Libro de los Grandes

El Libro
de los Grandes de Kevin

Deseo expresar mi profunda gratitud a todos los «grandes» que han aparecido en mi sendero y han influido en este libro.

A Pravin Cherkoori por compartir conmigo una palabra secreta que libera el potencial humano, y al profesor Arthur Watkins por compartir los secretos de todas las palabras.

A Richard Paul Evans, Spencer Johnson, doctor en medicina, y Jeff Flamm, por vuestras agudas percepciones sobre el título y subtítulo de este libro; a Lee Benson, por sacar a mis pensamientos e ideas de las nubes y plasmarlos en la página escrita (tu habilidad, paciencia, sentido del humor y esforzado trabajo han convertido este libro en una realidad); a Margret McBride, la agente más grande del mundo, por recomendar que escribiera las secciones «Tardes con Arthur» y «Pensamientos que anoto en mi cuaderno»: tú personificas la excelencia; y a Donna De Gutis, Faye Atchison y Anne Bomke, de Margret McBride Literary Agency, por la eficacia con que desempeñáis vuestro trabajo; a Mary Ellen O´Neill, la mejor editora que pueda tener un autor, por captar la visión del libro; a Liate Stehlik, una editora de renombre internacional; a Michael Morrison, por creer en el mensaje del libro; a Iskra Johnson, por tu exquisita caligrafía; a Laura «Eagle Eye» Daly, una extraordinaria correctora de estilo; a Dennis Webb, mi socio de negocios de El Poder de las Palabras, por tu inquebrantable apoyo; a David Jobe, por fijar una fecha y crear una plataforma para el lanzamiento de la primera edición del libro; a Michael Hall, por tu ayuda y amabilidad incondicional y tu pericia administrativa; a Fran Platt, por tu magnífica maquetación y tus denodados esfuerzos; a Bill *Print Broker* Ruesch por pensar y actuar con maravillosa creatividad; a Brad Airmet, de FC Printing, por convertir lo imposible en posible; y a Jackie Guibord y Mary Hill por las innumerables horas que habéis dedicado voluntariamente a la revisión de palabras... y más palabras... y más palabras. ¡Habéis realizado un trabajo heroico!

Quiero también dar las gracias a los lectores y asesores Cindy Andra, Modesto Alcalá, Raylene Anderson, Ty Bennett, Dave Blanchard, Steve Carlston, Alice Elliot, Jerry Johnson, Blanch Linton, Joan Linton, Gilbert Melott, Dan McCormick, Patti Miles, Peter Mies, Edna Morris, Pat Murphy, Bill Peterson, Barry Rellaford, Judy Schiffman, Lance Schiffman, Marlene Siskel, Jeff Smith, Philip Webb y Martsie Webb por vuestro impagable *feedback* e ideas.

Y a todos los que han influido en mi sendero y propósito personales, en especial Ray Freeman y Larry Hall, por haberme guiado desde muy temprano, modificando el curso de mi vida; a Stephen R. Covey, por ser un modelo de integridad; a Norman Brinker, por personificar humildad, empatía y, ante todo, *genshai*; a James Newman por «alegrarse de mi éxito» y conectarme con Viktor Frankl y el proyecto de la Estatua de la Responsabilidad; y a Viktor Frankl, Og Mandino y William Danforth por haber escrito palabras que me han alentado e inspirado.

A mi madre, que me convenció de que yo podría realizar todos mis sueños; a Sherry —eres el amor de mi vida—, gracias por creer siempre en mí, y confío en que los próximos treinta años sean tan maravillosos como los últimos; a mis hijos y nietos, cuyas vidas me llenan de orgullo.

A mi Creador, por cada don y cada palabra.

Epílogo

Por el doctor GERALD BELL
(fundador del Bell Leadership Institute)

Kevin Hall ha creado para nosotros en este maravilloso libro un sendero que podemos seguir para hallar un mayor grado de aportación siendo unos seres humanos más eficaces. Es posible que nuestros senderos se cruzaran ese memorable día en los Grand Tetons porque a ambos nos apasiona ayudar a otros encontrar un sentido e importancia en sus vidas. El sendero de Kevin consistía en lograr que las personas (incluyendo a unos *boy scouts* de doce años) se fijaran cuanto antes unos objetivos y propósitos, para luego ayudarlas a adquirir los conocimientos y habilidades necesarias para esforzarse y alcanzar esas aspiraciones. Mi sendero me condujo a lo que denomino «el estudio de los 4.000», en el que miles de personas de edad avanzada, al analizar su vida, se arrepentían de haber dejado que ésta siguiera su curso sin trazarse un plan de lo que deseaban hacer. Se lamentaban de la aleatoriedad de unas vidas moldeadas por estímulos externos en lugar de unos objetivos y propósitos internos.

Las personas tienden a pensar que su vida será rígida si se marcan un propósito, pero ocurre justamente lo contrario. Si se marcan unos objetivos, se sentirán libres. Esto ha quedado confirmado reiteradas veces durante los treinta y cinco últimos años, durante los cuales he enseñado a más de 500.000 líderes de más de 4.700 organizaciones y de más de 85 países los pormenores del liderazgo y la consecución de objetivos. Kevin ha detallado en las páginas de este libro cómo asumir el control de, y dominar, la dirección de nuestra vida. El lector ahora ya sabe que consiste en «descubrir el sendero». Este libro, lleno de interesantes ideas, te ayudará a convertirte en un auténtico descubridor del sendero. Te ayudará a descubrir y seguir tu sendero y propósito en la vida. Te enseñará a realizar unas aportaciones profundas y valiosas a tu vida. Y lo que es más importante, será tu guía hacia una vida de la que no tendrás que arrepentirte.

Pero tienes que hacer algo más que leer este libro. Debes poner en práctica sus indicaciones. Ya lo dice el refrán: «Saber y no hacer nada equivale a no saber». Te ruego encarecidamente que regreses a la sección «Pensamientos que anoto en mi cuaderno» al término de cada capítulo y decidas poner en práctica esos principios en tu vida cotidiana.

Has iniciado el viaje de este libro con una palabra secreta que te permite en primer lugar construirte a ti mismo. El viaje concluye con el reto de llegar a ser una persona íntegra y completa. Si te comprometes firmemente a crecer y convertirte en una persona completa, te prometo que aportarás más de lo que jamás pudiste soñar.

Me alegro de que Kevin apareciese en mi camino. Su amor por las palabras es una fuente de inspiración. La belleza esencial de las palabras te cautiva. Su habilidad para analizar una palabra, examinarla desde todos los ángulos, darle la vuelta, escuchar sus sonidos, exponer lo contrario de lo que representa y descubrir lo que significó para nuestros antepasados te ha concedido a ti el extraordinario don que tienes ahora en tus manos.

Creo que el amor que profesa Kevin por las palabras es fruto de su amor por las personas. A lo largo de su periplo vital ha avanzado de forma natural hacia las personas, las ha aceptado y abrazado, las ha estudiado, ha buscado sus ideas y ha tratado de comprenderlas. Estoy convencido de que esta fuente original de energía te condujo al descubrimiento del núcleo esencial de las palabras a la hora de configurar nuestra vida. Su pasión por una vida provechosa y plena es contagiosa. Eso fue lo que nos puso en contacto.

Confío en que tu sendero esté colmado de abundancia y plenitud. Y si alguna vez visitas los Grand Tetons en verano y decides echar una tonificante carrera, mantén los ojos bien abiertos, porque ese profesor que corre por el camino junto a ti quizá sea yo.

GERALD BELL

Visítenos en la web:

www.edicionesurano.com